GOLDMANN

Buch

Im antiken Griechenland waren Tragödienaufführungen für die Gemeinschaft eine Möglichkeit, sich auf allgemein akzeptierte Art von psychischem Druck zu befreien. Der Mensch erkannte sich wieder in den gesichtslosen Figuren auf der Bühne; während er ihr Schicksal mit durchlebte, befreite er sich von seinen aufgestauten Affekten.

Daß es diese Möglichkeit der »kollektiven Psychotherapie« in unserer materialistischen Kultur nicht mehr gibt, ist – so Dethlefsen – sehr zu bedauern. Denn die antike Tragödie, und insbesondere der Ödipus-Mythos, birgt auch für den heutigen Menschen Lebenshilfe.

In einer ausführlichen Auseinandersetzung mit den beiden Tragödien von Sophokles, »König Ödipus« und »Ödipus auf Kolonos«, entwickelt Dethlefsen jenes lebensbejahende Grundmuster, das hinter jedem Schicksal steht: der Mensch zwischen Schuld und Scheitern, der die Erlösung nur dann erringen kann, wenn er lernt, das Außen abzustreifen, und den Weg nach Innen wagt.

Autor

Der Diplom-Psychologe Thorwald Dethlefsen leitet das »Privatinstitut für außerordentliche Psychologie« in München. Seine in mehrere Sprachen übersetzten Bücher erzielen höchste Auflagen und halten seit Jahren ihre Plätze auf den Bestsellerlisten.

Als Goldmann-Taschenbuch sind bereits erschienen:

Schicksal als Chance, 11953
Das Erlebnis der Wiedergeburt, 11749
Gut und Böse, 12115
Krankheit als Weg, 11472
Das Leben nach dem Leben, 11748
Ausgewählte Texte, 11035

Thorwald Dethlefsen

Ö d i p u s

der Rätsellöser

Der Mensch zwischen Schuld
und Erlösung

★

GOLDMANN VERLAG

Der Goldmann Verlag
ist ein Unternehmen der Verlagsgruppe Bertelsmann

Made in Germany · 1. Auflage · 8/92
Genehmigte Taschenbuchausgabe

Umschlaggestaltung: Design Team München
Umschlagdesign: Design Team München
Satz: Filmsatz Schröter GmbH, München
Druck: Presse-Druck Augsburg
Verlagsnummer: 12399
SD · Herstellung: Sebastian Strohmaier
ISBN 3-442-12399-2

Inhalt

I Einführung 11
II Die attische Tragödie 43
III Die tragische Schuld 63
IV Der Ödipus-Mythos 107
V König Ödipus 119
VI Ödipus auf Kolonos 163

Stammtafel 188
Bibliographie 189

Τὸ αἴνιγμα τῆς σφιγγός

Ἔστι δίπουν ἐπὶ γῆς καὶ τετράπον, οὗ μία φωνή,
καὶ τρίπον· ἀλλάσσει δὲ φυὴν μόνον ὅσσ᾽ ἐπὶ γαῖαν
ἑρπετὰ κινεῖται ἀνά τ᾽ αἰθέρα καὶ κατὰ πόντον.
ἀλλ᾽ ὁπόταν πλείστοισιν ἐρειδόμενον ποσὶ βαίνῃ,
ἔνθα τάχος γυίοισιν ἀφαυρότατον πέλει αὐτοῦ.

Das Rätsel der Sphinx

Vierfüßig, zwei- und dreifüßig ist es auf Erden, doch *eine* Stimme nur hat es, vertauscht seine Haltung allein von den Wesen, die auf der Erde, zum Himmel und durch das Meer sich bewegen. Aber sobald es gestützt auf die meisten Füße einhergeht, ist die Geschwindigkeit seiner Glieder die allergeringste.

(Übersetzt von Wilhelm Willige)

Λύσις τοῦ αἰνίγματος

Κλῦθι καὶ οὐκ ἐθέλουσα, κακόπτερε Μοῦσα θανόντων,
φωνῆς ἡμετέρης σὸν τέλος ἀμπλακίης.
ἄνθρωπον κατέλεξας, ὅς, ἡνίκα γαῖαν ἐφέρπει,
πρῶτον ἔφυ τετράπους νήπιος ἐκ λαγόνων·
γηραλέος δὲ πέλων τρίτατον πόδα βάκτρον ἐρείδει,
αὐχένα φορτίζων, γήραϊ καμπτόμενος.

Lösung des Rätsels

Hör, auch wenn du nicht willst, bösflatternde Muse der Toten, auf mein Wort: Nach Gebühr hat nun dein Treiben ein End'! Meintest du doch den Menschen, der, wenn er der Erde genaht ist, vierfüßig, töricht zuerst geht aus den Windeln hervor; doch ist er alt, so stützt er als dritten Fuß auf den Stab sich, trägt eine Last auf dem Hals, weil ja das Alter ihn beugt.

(Übersetzt von Wilhelm Willige)

I

EINFÜHRUNG

»Ohne Mythos aber geht jede Kultur
ihrer gesamten schöpferischen Naturkraft verlustig:
erst ein mit Mythen umstellter Horizont
schließt eine ganze Kulturbewegung
zur Einheit ab.«

FRIEDRICH NIETZSCHE, *Die Geburt der Tragödie*

Die folgenden Kapitel dienen dem Versuch und der Absicht, Menschen unserer Zeit einen Zugang zur griechischen Tragödie zu öffnen. Ein solches Vorhaben fordert nicht nur mannigfaltige Kritik derer heraus, die sich auf Grund ihrer philologischen, theologischen oder künstlerischen Kenntnisse mit diesem Gegenstand beschäftigen, sondern wirft natürlich allgemein die Frage auf, wodurch dieses mein Anliegen motiviert sein könnte.

Warum nun ausgerechnet die griechische Tragödie? Sollen hiermit alte Bildungsideale wieder aufgefrischt werden? Die griechische Tragödie ist knapp zweieinhalb Jahrtausende alt – ist es nicht wichtiger, sich den ach so zahlreichen Problemen der Gegenwart zuzuwenden, anstatt humanistische Weltflucht zu betreiben?

Ich weiß um die vielen Fragen und Einwände, die hier berechtigt erscheinen, und ich möchte all diesem eine Behauptung entgegenstellen, die zu begründen wohl sehr viele Worte notwendig werden, sollte es mir überhaupt gelingen. Diese vorangestellte Behauptung heißt: Die griechische Tragödie könnte ein geeignetes Heilmittel für den Menschen unserer Zeit sein.

Ich meine Heilmittel hier sehr wörtlich, und ich wüßte derzeit kein anderes zu benennen, dessen Wirkung ich höher oder nur gleichwertig einschätzte. Ich weiß sehr wohl, wie wenig plausibel diese Behauptung in den Ohren heutiger Menschen klingen mag, und es werden deshalb viele Gedankengänge zu gehen sein, bevor sich Plausibilität einstellen mag. Doch vergessen wir nicht, daß dieser Umstand bei einem Heilmittel nicht überraschend ist, ist doch ein Heilmittel jenes Mittel, das uns zum Heilsein fehlt und damit zwangsläufig etwas, das unserem jeweiligen Bewußtsein sehr fern liegt – es würde uns ansonsten ja nicht fehlen. Das Geheimnis der Tragödie liegt bestimmt sehr weit von unserem Verstehen entfernt – die zeitliche Entfernung ist dabei das geringste Problem –, doch das Entfernte heimzuholen könnte – davon bin ich jedenfalls überzeugt – etwas Großes in uns bewirken, könnte unserer Zeit das zurückbringen, was wir in einer einseitigen Entwicklung aus den Augen verloren haben.

Der hier skizzierte Ansatz impliziert bereits deutlich, daß es sich bei den nun folgenden Betrachtungen über die Tragödie nicht um eine weitere wissenschaftliche Arbeit über diesen Gegenstand handeln wird, daß ich also weder die vielen bisherigen Ansichten referieren noch mich mit jeder von ihnen kritisch auseinandersetzen werde, sondern daß meine Betrachtungen einen sehr persönlichen Versuch darstellen, das, was ich als das Geheimnis der Tragödie verstehe, dem geneigten Leser ein wenig zu entschlüsseln. Daß ich dabei auf viele großartige Arbeiten anderer Fachleute und Gelehrter dankbar zurückgreife, soll schon hier erwähnt sein und findet spätestens im Literaturverzeichnis seinen Niederschlag.

Ich bin Psychotherapeut, und in dieser Eigenschaft weiß ich um die Probleme und Konflikte der menschlichen Seele. Es ist Absicht, daß ich hier so allgemein von »der menschlichen Seele« spreche und nicht vom Kranken, Neurotiker oder Patienten. Es gehört zu den immer noch existierenden Vorurteilen unserer Zeit, daß man glaubt, es gäbe gesunde Menschen und eben kranke Menschen, und dementsprechend sei Psychotherapie eine Behandlungsmethode, psychisch kranken Menschen zu helfen. Welch ein Irrtum! Ich weiß mich mit fast allen Psychotherapeuten einig, wenn ich sage, daß jeder Mensch übervoll von Konflikten und Problemen ist und es deshalb gar keiner besonderen körperlichen oder psychischen Symptomatik bedarf, um von einer Psychotherapie zu profitieren.

Bei genauem Hinsehen sieht man sehr schnell, daß

bei jedem Menschen genügend »Symptomatik« vorhanden ist, nicht nur in Form der vielen kleinen körperlichen Wehwehchen und Beschwerden, die wir so schnell funktional-kausal wegargumentieren, sondern besonders auch in Form unserer vielen täglichen Schwierigkeiten im Beruf, in der Partnerschaft und im Privatleben, deren Ursache wir natürlich viel lieber zu Problemen der anderen und der sogenannten Umwelt machen, als darin Symptome und Ausdrucksformen eigener unbewußter Konflikte zu sehen. Durch jenen, den Psychologen altbekannten Prozeß der Projektion fühlen wir uns ein Leben lang veranlaßt, mit den Personen und Themen unserer Umwelt uns kämpferisch auseinanderzusetzen, oft ohne je einzusehen, daß in uns selbst, wenn auch unbewußt, die Wurzeln all dieser Konflikte und Probleme liegen. Durch die Entwicklung der Tiefenpsychologie in diesem Jahrhundert wissen zumindest die Menschen, die sich mit Psychologie beschäftigen, um diese Zusammenhänge genau Bescheid, und der praktische Niederschlag dieses Wissens ist die Psychotherapie, deren Hilfe immer mehr Menschen unserer Zeit dankbar in Anspruch nehmen, um sich über diesen Weg selbst besser kennenzulernen.

Nun gibt es in der Psychotherapie ein eigenartig anmutendes Phänomen: je individueller eine Therapieform arbeitet, um so »seichter« ist sie; je tiefer sie in die Seele des Menschen hinabsteigt, um so weniger individuell ist sie. In der Tiefe werden die Probleme einander immer ähnlicher, so daß sie letztlich überhaupt keine persönlichen Züge mehr tragen. Dieser Umstand mag auf den ersten Blick verblüffen, da jeder Mensch zutiefst davon überzeugt ist, daß auf Grund seiner Biographie und seines individuellen Charakters auch seine Problemlage eine höchst spezifische und einmalige sei.

Ein Beispiel mag jedoch den beschriebenen Zusammenhang augenscheinlicher werden lassen. Betrachten wir den Körper eines Menschen und vergleichen ihn mit dem Körper eines anderen, so werden die individuellen Unterschiede deutlich ins Auge springen. Der eine ist groß und füllig, der andere klein und schlank, Haut- und Haarfarbe unterscheiden sich deutlich, ebenso Augenfarbe, Mundform, Körperbau usw. Unterziehen wir aber beide Körper einer Operation, so werden, je tiefer wir ins Innere gehen, die Unterschiede immer weiter zurücktreten zugunsten der Gemeinsamkeit bis hin zur Gleichheit. Das Herz oder die Nieren werden sich gar nicht mehr so deutlich unterscheiden, und schreiten wir vor bis zur einzelnen Zelle, so tritt die Ähnlichkeit des Aufbaus und der Struktur deutlicher zu Tage als ihre Unterschiedlichkeit.

Sehr ähnlich steht es um den Aufbau der menschlichen Seele. Man muß mit seinem Blick schon ganz an der Peripherie hängen bleiben, um individuelle Probleme finden zu können. Wirkliche Tiefenpsychologie wird jedoch zwangsläufig archetypisch, indem sie zu den grundlegenden Strukturen des Bewußtseins durchstößt.

Bevor nun deutlich werden kann, wozu ich auf dieses Phänomen an dieser Stelle eingegangen bin, wollen wir noch folgender Frage nachgehen, die sich im Laufe meiner psychotherapeutischen Tätigkeit immer zwingender stellte: Warum bedürfen in der heutigen Zeit fast alle Menschen unseres Kulturkreises dringend einer Psychotherapie, und wie meisterten die Menschen in den letzten paar tausend Jahren überhaupt ihr Leben ohne dieses Hilfsmittel? Vielen mag auf Anhieb diese Frage absurd oder falsch gestellt vorkommen, weil sie davon ausgehen, daß auch heute noch die Mehrzahl der Menschen ohne Psychotherapie bestens ihr Leben meistert. Doch diese Antwort ist bei näherer Betrachtung eben nicht haltbar. Die Menschen meistern ihr Leben letztlich nicht, sie bringen lediglich die Probleme und Schicksalseinbrüche nicht mit ihrer Psyche in Zusammenhang. Über diesen Weg werden die Themen pseudo-objektiviert, und jeder ist davon überzeugt, die Probleme lägen »in der Welt« und hätten mit ihm nichts zu tun. Als beliebige Beispiele seien genannt: Krebs, AIDS, Umweltvergiftung, Angst vor Atomenergie, Krieg, Weltuntergang etc. Es ist hier nicht der Raum, den Nachweis für den Zusammenhang solcher »Umweltprobleme« oder »Krankheiten« mit der eigenen Psyche zu führen, und so begnüge ich mich an dieser Stelle mit dem Hinweis, daß jeder, der vorurteilsfrei dazu bereit ist, lernen kann, den hier nur behaupteten Zusammenhang durch eigenes Erleben nachzuvollziehen.

Kommen wir zurück zu unserer Frage, so mag eine weitere naheliegende Antwort darin bestehen, auf den Fortschritt unserer Zeit zu verweisen und somit in der Psychotherapie eine neuentwickelte Möglichkeit zu sehen ähnlich wie die Erfindung von Motoren oder modernen Operationstechniken, die ja ebenfalls früheren Menschheitsepochen fehlten und auf deren Errungenschaft wir deshalb auch so stolz sind.

Hier stoßen wir auf eine der gefährlichsten Grundhaltungen unserer Zeit, in der wir so tief verwurzelt sind, daß es uns sehr schwer fällt, sie wirklich zu durchschauen. Der Mensch unserer Zeit geht mit einer absoluten Selbstverständlichkeit von einem linearen Entwicklungsmodell aus (Darwinismus!), aus dem dann zwingend folgt, daß alles, was zeitlich vor uns liegt, weniger entwickelt war als wir und damit unsere Zeit den bisherigen Kulminationspunkt darstellt. Diese Haltung, die der Grieche Hybris nennt (und die das zentrale Thema fast jeder Tragödie ist),

ist sowohl für das Christentum als auch für die Naturwissenschaft gleichermaßen typisch.

Dem Christentum gelang es nicht, einen Blick dafür zu entwickeln, daß es auch schon vor der Geburt Jesu echte Religion, echte Weisheitslehren und echte Initiationen gab, und ist deshalb tief davon überzeugt, daß alles, was vor oder außerhalb Jesu liegt, nichts als Heidentum sei, das nur durch Bekehrung noch zu retten wäre. Die gleiche Haltung nimmt die Wissenschaft ein, die davon ausgeht, daß allein die von ihr propagierte Welterklärung durch funktionale Kausalzusammenhänge zu einer adäquaten und richtigen Anschauung der Welt führe und jede andere Form von Welterlebnis deshalb archaisch, abergläubisch, primitiv oder überholt sei. Da unsere Kultur nun sehr dominant aus diesen beiden Wurzeln, Christentum und Naturwissenschaft, genährt wird, brauchen wir uns nicht darüber zu wundern, wie sehr alle Menschen unserer Zeit von dem Höchststand unserer Kultur überzeugt sind und daher auch gar nicht auf die Idee kommen, in früheren Zeiten und Kulturen nach etwas zu suchen, von dem wir vielleicht etwas lernen könnten.

Bezogen auf unsere Frage wollen wir deshalb auf diese Antwort verzichten, die in der Psychotherapie nur einen Ausdruck des Fortschritts unserer Zeit und unseres Wissens sieht. So möchte ich versuchen, eine andere Antwort auf die aufgeworfene Frage zu geben, die sich mir immer deutlicher zu bestätigen scheint, je länger ich ihr Aufmerksamkeit zuwende. Meine Antwort heißt, daß die Menschen früherer Kulturen keine Psychotherapie brauchten, weil sie andere Methoden hatten, die auf viel genialere Weise die Bedürfnisse der menschlichen Seele befriedigten. Es ist also nicht so, daß durch das Fehlen der Psychotherapie früher etwas nicht stattfand, was heute endlich möglich geworden ist, sondern viel mehr fand früher etwas statt, was heute erst einmal nicht mehr stattfindet, wodurch ein Leerraum, ein Vakuum entsteht, das nun die moderne Psychotherapie versucht, zu füllen, so recht und schlecht wie es ihr bisheriger Wissenshorizont eben erlaubt und ermöglicht.

Es läßt sich also eine deutliche Rückentwicklung erkennen. Wir sind heute auf diesem Gebiet nicht besser, sondern wesentlich schlechter. Deshalb ist der Mensch unserer Zeit psychisch auch wesentlich kränker als der Mensch früherer Zeiten. Psychotherapie ist also nur die notwendig gewordene Antwort auf einen Verlust, den unsere Kultur erlitten hat. Fast scheue ich mich, auszusprechen, worin ich diesen Verlust erblikke, denn in unserem modernen Bewußtsein sind wir auf diese »Verluste« eher sehr stolz und begründen darauf unser Gefühl von Überlegenheit. Es sind nämlich Mythos und Kult, jene großen und bedeutenden

Kraftpotentiale der Vergangenheit, die wir, wohl etwas vorschnell, über Bord geworfen haben. Daher sind Mythos und Kult dem Verständnis unserer Zeit auch so weit entfernt, daß diese Begriffe fast ausnahmslos neben Unverständnis nur falsche Bedeutungsinhalte und Assoziationen hervorrufen. Die Ironie unserer Zeit hat es erlaubt, daß nicht nur unser Leben und unsere Welt »entmythologisiert« worden sind, sondern sogar die Theologie es unternahm, die christliche Religion zu »entmythologisieren«.

All den nun folgenden Ausführungen möchte ich vorausschicken, daß es mir weder darum geht, das Heil in einem regressiven Rückgriff auf frühere Kulturen und Glaubensvorstellungen zu suchen noch daß ich dazu neige, alles, was modern ist, zu verteufeln. Mein Anliegen besteht vielmehr darin, einen Blick dafür zu öffnen, daß es für den Menschen verschiedene Erlebnisformen von Welt gibt und damit auch verschiedene Existenzformen, die sich gar nicht so leicht durch die Kategorien richtig oder falsch unterscheiden lassen, sondern verschiedene polare und damit sich ergänzende Formen darstellen. Mir erscheint es wichtig und lebensnotwendig, sehen zu lernen, daß sich unsere Kultur, so weit sie diesen Namen verdient, in eine ungeheure Einseitigkeit hineinentwickelt hat, die immer dringender nach dem ausgleichenden Gegenpol ruft. Natürlich können wir unsere Probleme nicht durch regressive Modelle lösen (wie z. B. der Ruf »Zurück zur Natur« es nahelegt!), sondern allein dadurch, daß wir uns unserer Einseitigkeit bewußt werden und dann auf die Suche gehen nach dem, was uns »zum Heil fehlt«.

Auf dieser Suche kann uns ein Blick zurück zu den früheren großen Kulturen mit Sicherheit sehr hilfreich sein, denn wir können dort jenen Pol der Wirklichkeitserfahrung vorfinden, den wir auf unserem Weg in die Neuzeit geopfert haben – ja, sogar opfern mußten, um die uns gestellte Aufgabe zu erfüllen. Frühere Kulturen waren nicht unbedingt »besser« als wir, vielleicht genauso einseitig, jedoch am anderen Pol – deshalb sind sie für uns interessant. Wir wollen und sollen nicht umkehren, um Vergangenheit zu spielen, aber wir brauchen zur Zeit den Blick auf längst Vergangenes sehr dringend, um aus unserer Sackgasse der Einseitigkeit herauszufinden. Wir müssen natürlich für unsere Zeit und unsere Zukunft neue adäquate Formen finden und können nicht längst Vergangenes kritiklos aufwärmen. Doch all dies braucht Zeit, und damit es überhaupt geschehen kann, ist es vonnöten, einzutauchen in die Erfahrungswelt der Menschen, die dort zu Hause waren, wo wir Fremde sind.

Wenn wir uns überhaupt die Mühe machen, Mythos und Kult zu betrachten, dann tun wir dies meist aus dem Blickwinkel unserer Zeit und unseres Weltverständnisses. Das führt leider – wie eine umfangreiche Literatur über diesen Gegenstand belegt – zu völlig absurden Einschätzungen und Deutungen. Wie auch unser Sprachgebrauch des Wortes »mythisch« im Sinne von erfunden, erdacht, unwahr, phantastisch, also den Naturgesetzen widersprechend, zeigt. Aus diesem Grunde wehrt sich auch die christliche Theologie gegen den Begriff des Mythos. Sie will die Geschichtlichkeit Jesu betonen und ihn vom Mythos befreien.

Doch das Wort Mythos stand ursprünglich in einem ganz anderen Zusammenhang. »Mythos« heißt im Griechischen »Wort«, steht aber polar zu »Logos«, was wir ebenfalls mit »Wort« übersetzen und von dem wir unsere »Logik« ableiten. Das entsprechende Verb heißt mythologein (μυθολογεῖν), und dieses bedeutet soviel wie »den wahren Sachverhalt erzählen«. Mythos ist also eine Erzählung über etwas Wahres, Wesentliches und Tatsächliches im Gegensatz zu »Logos«, was sich mehr auf etwas Gedachtes bezieht. Der Begriff Mythos wurde daher ursprünglich nicht einfach auf eine phantastische oder wunderbare Geschichte oder Erzählung angewandt, sondern er war vorbehalten für ganz bestimmte Erzählungen, denen man den Charakter der Heiligkeit zumaß. Diese Geschichten enthielten die Offenbarungen des Göttlichen, des Transzendenten oder des Numinosen. Nicht der Mythos erzeugt oder erfindet das Göttliche, sondern das Göttliche offenbart sich im Mythos, tritt in ihm und durch ihn in Erscheinung.

Eine materialistische Weltanschauung hat es sich zur Gewohnheit gemacht, jedes Phänomen auf das niederste, nämlich auf das allein ihr bekannte Niveau der Materie zu reduzieren. Doch mit solchen reduzierenden Theorien werden wir dem Mythos und dem Kult nicht gerecht. Sein Entstehungsort liegt gerade am anderen Ende des Kontinuums. Für den geistigen Menschen ist niemals die materielle Welt der Erscheinungsformen Ausgangspunkt seiner Überlegungen, sondern bestenfalls Endpunkt. Ausgangspunkt ist das Nichtsichtbare, das Numinose, das Göttliche, dem man mit Recht allein Wirklichkeitscharakter zuschreiben darf, da alles Materielle und Formale endlich und vergänglich, damit niemals wirklich ist. Die Gottheit steht am Anfang, »am Anfang war das Wort«, und dieses Wort wird Fleisch, verdichtet sich hinein in die Form, in die materielle Verhüllung.

Somit ist für den mythischen Menschen die sichtbare Welt in all ihren Aspekten eine Theophanie, eine in die Sichtbarkeit getretene göttliche Wirklichkeit, die sich durch die Form offenbart. Der mythische Mensch ist nicht wie wir durch die neutrale Distanz einer Zufälligkeit von der Welt und ihrem Geschehen getrennt, sondern bezieht Welt immer auf sich, er fühlt sich durch die Welt und ihr Geschehen immer angesprochen und gemeint. Er erlebt das Sichtbare als Ausdrucksform des Unsichtbaren und ist dann bemüht, Sinn und Bedeutung zu erkennen. Es ist dies eine völlig andere Grundhaltung, der Welt zu begegnen. Während unsere Zeit daran interessiert ist, die atomare Struktur eines Stoffes zu enträtseln, ist der mythische Mensch daran interessiert, die Bedeutung von etwas zu enträtseln.

Man könnte in einem Beispiel die Welt mit einem Text in einer unbekannten Sprache vergleichen. Der neuzeitliche Mensch würde in diesem Beispiel die chemische Zusammensetzung des Papyrus und des Farbstoffes analysieren, während der mythische Mensch allein versuchen würde, die Bedeutung des Textes, der Botschaft zu verstehen, während er für die Beschaffenheit des materiellen Trägers nicht das geringste Interesse aufbringen würde. Der mythische Mensch fühlt sich also von der Gottheit angesprochen durch das Vehikel der Form. Welt ist damit die Sprache des Unsichtbaren, der Gottheit. Fühlt man sich angesprochen, so versucht man, zu verstehen, versucht man, zu deuten und dann zu antworten. Aus dem Angesprochenwerden fühlt man den Anspruch und will Antwort geben – dies ist die Ver-antwortung des Menschen.

Verantwortlichkeit entsteht nur dort, wo man auf einen An-spruch antwortet – weshalb in unserer Zeit Verantwortung zu einer leeren Phrase herabgesunken ist und man ständig bemüht ist, durch die Betonung dieses Begriffes seine Leerheit zu vertuschen. Der moderne Mensch kennt Verantwortung gar nicht, weil er niemals Antwort gibt. In dem Moment, wo man aber eine Antwort gibt, entsteht eine Ausrichtung und Hinwendung, entsteht Orientierung (... ex oriente lux). Die Beliebigkeit verschwindet und Ordnung wird dafür erlebbar. Der Mensch erfährt sich in einem Kosmos.

Dieser erfahrene und erlebte Bezug zum Göttlichen spricht sich von selbst in Worten aus, gerinnt in Sprache – und der Mythos ist geboren, die heilige Geschichte, die ein Niederschlag dieser Erfahrung ist und von einer Wahrheit kündet, die nur erlebt werden kann und sich daher unseren Kategorien von richtig und falsch entzieht. Wir meinen damit eine funktionale Richtigkeit, die dem Mythos nicht gerecht wird. Der Mythos ist in einem Sinne wahr, wie eine wissenschaftliche Behauptung niemals wahr sein kann, denn der Mythos bezieht sich auf eine andere Seinsordnung, die unsere Realität bei weitem überschreitet. Ähnlich, wie wir vielleicht bereit sind, einen Traum als wahr anzuerkennen, auch ohne daß dessen Bilderfolge sich je in der äußeren Welt ereignen wird.

Im Mythos erfahren wir also von dem göttlichen Anspruch an den Menschen, im Kult antwortet der Mensch der Gottheit. Der Mensch antwortet im Kult auf die gleiche Weise, wie er angesprochen wurde – durch die Form als Ausdruck von »Sprache«. Die kultische Handlung ist genauso symbolhaft, wie die ganze Welt symbolhaft erlebt wird. Das Wort »symbolhaft« hat in diesem Zusammenhang keine herabziehende oder reduzierende Bedeutung, ganz im Gegenteil – die Welt als Symbol zu erfahren, ist die höchste und entwickeltste Form von Welterfahrung. Das Symbol, bekanntlich von dem griechischen Verb symballein (συμβάλλειν = zusammenwerfen) stammend, ist eben das, was die Kluft zwischen Mensch und Gott, dem Sterblichen und dem Unsterblichen, zwischen Sichtbarem und dem Numinosen überbrükken kann. So wie für uns der Buchstabe oder die Zahl sichtbares Vehikel ist, das uns den Zugang zu einem Gedanken oder einer Idee vermitteln kann, so ist die Welt das sichtbare Vehikel, um Zugang zur geistigen Wirklichkeit zu finden. Die Kluft, die sich zwischen dem Sichtbaren und dem Unsichtbaren auftut, wird dann überbrückt, wenn wir das Sichtbare als Symbol begreifen. Somit wäre die Welt der große Kult der Gottheit, auf den der Mensch mit seinen kultischen Handlungen antwortet, um so in Verbindung, im Kontakt mit dem Unsichtbaren zu bleiben. Hieraus sollte verständlich werden, daß Mythos und Kultus zwei Aspekte ein und derselben Sache sind und es daher keinen Mythos ohne Kult gibt und ebensowenig einen Kult ohne Mythos.

Mythos und Kult sorgen dafür, daß die Verbindung des Menschen zur Transzendenz nicht abreißt, sorgen für echte Religion im Sinne der Rückbindung zum Urgrund, zur Wirklichkeit des Seins, die niemals allein von dieser Welt sein kann. Nicht zufällig leitet sich das Wort Kultur von Kult ab, und so sollten wir uns eingestehen, daß wir in Wirklichkeit zur Zeit keine Kultur haben. Es geht mir dabei nicht um ein billiges Wortspiel, sondern um einen Zusammenhang tiefster Tragweite: Wir haben keine Kultur, weil wir keinen Kult haben. Wir haben einen »Kulturbetrieb«, der eine fratzenhafte Entstellung echter Kultur darstellt. Kultur hatte immer einen transzendenten Bezug, war immer ein religiöses Unternehmen. Wir haben »Kultur« verweltlicht, säkularisiert, ohne zu bemerken, daß wir damit die Kultur verloren haben. Diente früher Kultur immer der Verherrlichung der Gottheit, so verherrlicht unser Kulturbetrieb Menschen, Stars, Idole. Analog hierzu sollte auffallen, daß die Kulturdenkmäler früherer Kulturen fast ausschließlich religiösen Charakter haben (von den Bauwerken sind meist Tempel, Obelisken und Kirchen erhalten), während die großen Kulturdenkmäler unserer Zeit Brücken, Kraftwerke und Fernsehtürme sind. All diese Beispiele sollen nichts beweisen, sondern lediglich beispielhaft den Blick schärfen, um den es uns hier geht.

An dieser Stelle möchte ich nur beiläufig erwähnen, daß ausnahmslos alle Probleme unserer Zeit von Bereichen genährt werden, die früher einmal kultisch gebunden waren, während sie heutzutage, ohne diese Bindung, weltlich gelebt werden (z. B. Alkohol, Rauschgifte, Orgien, Ekstase).

Im Kult war es möglich, die unterschiedlichsten Erfahrungsbereiche des Menschen zu bearbeiten und erlebbar werden zu lassen, ohne daß dieser sich in diesen Erfahrungen verlor. Der Kult und seine Rituale stellen ja eine Ordnung, ein Abbild des Kosmos dar, der es ermöglichte, z. B. auch Chaos, Wildheit, Rausch, Raserei, Wahnsinn, Ekstase und ähnliches erleben zu lassen, Seinsbereiche, die zwar in jedem Menschen schlummern, für die aber unsere Zeit keinen Rahmen zur Verfügung stellen kann, in dem diese seelischen Qualitäten als Teilbereiche einer göttlichen Ordnung er- und durchlebt werden können. Der Mythos als Abbild der *ganzen* Wirklichkeit enthält alles – eben auch Wahnsinn, Eifersucht, Betrug, Raserei, Mord, Rache –, ohne daß diese Bereiche wertend aus der göttlichen Gesamtordnung ausgeschlossen würden. Kosmos umschließt das ganze Sein – ein Gedanke, mit dem sich das christliche Abendland wohl kaum mehr befreunden wird. Da der Kult aber der menschliche Nachvollzug der göttlichen Ordnung ist, enthält auch er alle Seinsbereiche und kann diese bearbeiten, ohne aus der Gesamtordnung zu fallen. Ordnung ist Balance, Gleichgewicht.

So entstanden Rituale für die bestimmten Lebensabschnitte der menschlichen Entwicklung, wobei man immer besondere Aufmerksamkeit auf bestimmte Reifestufen lenkte, durch die der Mensch erst zu einem erwachsenen Menschen werden kann. Diese Initiationsrituale waren das zentralste und bedeutendste Ereignis in allen früheren Kulturen, von den sogenannten Primitivkulturen angefangen bis zu den höchst entwickelten Kulturen. Unsere heutige moderne Gesellschaft ist die bisher einzige bekannte »Kultur«, bei der das Thema der Initiation nicht mehr im Mittelpunkt des Interesses steht, wodurch es ins Unbewußte verdrängt wurde, um von dort aus in eigenartigen profanen Formen unerkannt weiterzuleben. Ganz läßt sich nämlich das Thema der Initiation nicht aus dem Leben des Menschen beseitigen, da es zutiefst zu seinem Wesen gehört.

Initiationsrituale kommen hauptsächlich in zwei Formen vor: erstens als Pubertätsrituale, und zweitens als Einweihung in geheime Gesellschaften bzw. Mysterienbünde. Das Grundmuster jeder Initiation orientiert sich am Thema der Geburt, denn Initiation (lat. initium = der Anfang) will den Menschen durch eine zweite Geburt in eine neue Form des Daseins und des Menschseins hineinheben.

Die Notwendigkeit hierfür ergibt sich aus zweierlei Gesichtspunkten: Erstens ist der Mensch im biologischen Sinne ein zu früh Geborener. So ist er nicht – wie fast alle Tierarten – nach der Geburt gleich oder zumindest nach kurzer Zeit auf sich allein gestellt lebensfähig, sondern bedarf noch über ein Jahrzehnt der Umsorgung und Pflege durch die Eltern.

Somit ist die Kindheit eigentlich eine nach außen hin verlängerte und erweiterte Embryonalsituation bzw. der Schutz der Familie ein vergrößerter Uterus. Der Mensch bleibt über die Geburt hinaus abhängig. Und so wissen und reden wir zwar von einer zweiten Abnabelung, die einmal geschehen muß, doch gestaltet sich diese zweite Abnabelung als so schwierig, daß sie in unserer Kultur kaum je wirklich geschieht. Darüber hinaus sind unsere sozialen Strukturen eher dazu geeignet, diese Abnabelung zeitlich immer weiter hinauszuschieben, bis dieses Thema aus Gewohnheit heraus nicht mehr angegangen wird. Dies führt dazu, daß wir heutzutage in einer Kultur von Kindern leben, und man findet unter hundert Menschen kaum einen Erwachsenen. Erwachsensein korreliert nämlich kaum mit dem biologischen Alter.

Manch einer wird vermuten, daß ich hier maßlos übertreibe, weil wir gerne glauben, daß eine Abnabelung von den Eltern dadurch stattfindet, daß der junge Mensch von zu Hause auszieht, selbst Geld verdient, heiratet, Kinder in die Welt setzt usw. Doch leider übersieht man dabei gerne, daß Abnabelung und Erwachsenwerden innerpsychische Prozesse sind, die durch äußere Handlung allein nicht zwingend stattfinden. Abgesehen von der riesigen Zahl der konkret ungelösten Elternbindungen (... Mütter machen sich Sorgen um ihr »Kind«, das bereits über dreißig Jahre alt ist, Kinder opfern bis ins hohe Alter hinein ihre eigenen Ansprüche ans Leben, weil sie sich um die Mutter kümmern müssen ...) geht es hier vor allem darum, sehen zu lernen, wie wir unser inneres Elternbild ständig auf neue Träger projizieren. So übernimmt dann sehr bald der Chef, die Firma, die Universität, der Ehepartner, die Gemeinde, die Nachbarn, der Staat usw. für uns die archetypische Rolle der Mutter, von der wir uns abhängig fühlen, von der wir Liebe und Anerkennung erhoffen und von der wir Geborgenheit und Schutz erwarten. So wechseln wir zwar ständig die konkrete Form der Mutter aus, bleiben aber Kinder der großen Mutter.

Campbell hat treffend in seinem Buch *Lebendiger Mythos* darauf hingewiesen, daß Akademiker auf Grund ihrer Laufbahn mit besonders hoher Wahrscheinlichkeit nie erwachsen werden. Nicht umsonst nennt man die Universität »alma mater«, und nicht umsonst bekommt der angehende Akademiker, der nun bald das dreißigste Lebensjahr erreicht hat, einen »Doktorvater«, dem er sich nicht nur anvertrauen darf, sondern von dessen Lob und Tadel er auch total abhängig ist. So hat der Schritt, der eigentlich mit etwa fünfzehn Jahren fällig gewesen wäre, mit dreißig immer noch nicht stattgefunden und wird nun auch nicht mehr stattfinden. Es fällt auf – so sagt Campbell – daß man im Fernsehen kaum je einen Professor erleben kann, der in einem Interview auf eine Frage eine halbwegs klare Antwort ohne Verlegenheitssilben und -gebärden geben kann.

Man könnte diesem Thema, ohne daß es langweilig würde, noch in unzählig vielen Bereichen nachgehen, doch all dies würde nur immer schärfer deutlich werden lassen, daß die gesamte Haltung unserer Kultur eine kindliche ist. Wir fordern ständig von allen möglichen Institutionen Schutz, Sicherheit, Unterstützung, Wohlergehen, Pflege, Befriedigung unserer Bedürfnisse, Lob und Anerkennung. Mit diesen Wünschen fordern wir gleichzeitig, von all den Themen befreit und verschont zu werden, die nun seit jeher der Hauptgegenstand aller initiatischen Bemühungen war: Leid, Folter, Krankheit, Grauen, Tod.

Bevor wir auf dieses schwierige Thema zurückkommen, sei aber noch der zweite Gesichtspunkt angesprochen, der die Notwendigkeit einer Initiation nahelegt. Man erachtete früher den Menschen in seinem natürlichen Dasein nicht als wirklichen Menschen, da der Mensch ein geistiges Wesen ist und nur durch die vollzogene, d. h. erlebte Teilhabe am Transzendenten und am Göttlichen wirklich als »Mensch« angesprochen werden kann. Die biologische Existenz allein macht keinen Menschen aus, sondern lediglich ein höher entwickeltes Tier, zu dem darwinistische Lehren unserer Zeit ihn ja auch erfolgreich reduziert haben. Erwachsenwerden hängt deshalb aufs tiefste mit einem Hineingeborenwerden in die geistige Welt zusammen. Erst wenn der Mensch sich seines geistigen Seins bewußt geworden ist, erst wenn er sich als Abkömmling einer transzendenten geistigen Welt erfahren hat und somit einen Bezug zu seinem Ur-sprung (religio) aufgenommen hat, kann er Verantwortung übernehmen und somit als erwachsener Mensch, als Mensch, der ins geistige Sein hineingewachsen ist, bezeichnet werden.

Fassen wir beide Gesichtspunkte zusammen, dann können wir das Wesen und die Bedeutung der Initiation und deren Rituale bald verstehen. Bei den Pubertätsritualen fädelt man den jungen Menschen in eine zweite Geburt ein, aus der er als ein Erwachsener, als Neophyt, d. h. als Neugepflanzter, hervorgeht. Doch alle Neuwerdung setzt immer den Tod des Alten voraus bzw. man muß, um neu zu werden, in das Urchaos des ungeordneten Seins zurückkehren. Es muß das bisherige, profane und kindliche Leben sterben, geopfert, bzw. getötet werden, um in eine neue Seinsweise hineingeboren werden zu können. Nun ist Geburt niemals ein einfacher, schmerzloser Prozeß, einerlei, ob diese physisch oder psychisch ist, und so ist auch jede Initiation mit Prüfungen verbunden, die den Kandidaten nicht nur in Todesnähe, sondern in das Erlebnis des Todes führen. Er muß darüber hinaus Schmerz und Leid, Krankheit und Wahnsinn erfahren, und all diese Erfahrungen mit zurückbringen in das neue Leben.

Es ist notwendig, in unserer Zeit immer wieder darauf hinzuweisen, daß diese Erfahrungen absolut real sind und es sich hierbei nicht um Spiele, Imitationen oder ähnliches handelt. Um in ein geistiges Weltbild hineinzuwachsen, muß der Mensch sich mit all den Themen wirklich auseinandergesetzt haben, die wir aufgrund unserer Kindlichkeit grundsätzlich aus der Welt schaffen wollen: Krankheit, Leid, Schmerz, Grauen, Angst, Tod. Es ist ein Kennzeichen des erwachsenen, geistigen Menschen, daß er diese dunklen Bereiche des Seins als notwendige Hälfte der göttlichen Seinsordnung begreift. Das Kind glaubt an eine heile Welt. Der Erwachsene weiß um die Konflikthaftigkeit des Daseins, ohne an ihr zu zerbrechen, weil er um die ewige Ordnung des Transzendenten weiß, die hinter der Zerbrechlichkeit menschlichen Daseins als unzerstörbares Sein aufleuchtet. Durch die Erfahrung des Initiationstodes und die darauffolgende Rückkehr ins Leben wird für den Menschen die Unsterblichkeit eine Erfahrung.

Die mythologischen Berichte von den sterbenden und zerstückelten Göttern, deren Tod und Wiederauferstehung stellen die geistigen Urbilder für diese Erlebnisse dar. Der Mythos als die geoffenbarte göttliche Wirklichkeit liefert das Vorbild und das Wissen um die geistigen Gesetze, die der Mensch im Kult und im Ritual nachvollzieht, um Anteil an der göttlichen Seinsordnung zu erlangen, um Mitbürger seiner geistigen Heimat zu werden. Diese Haltung hat nichts mit Weltflucht, Mystizismus, Askese oder fremder Spiritualität zu tun. Der geistig erwachte und damit erwachsene Mensch lebt in der Welt, doch ist für ihn Welt niemals nur profan, sondern immer durchdrungen von Heiligkeit. Damit wird für ihn das ganze Leben ein sinnvoller Nachvollzug einer geoffenbarten, höheren Ordnung – einschließlich Leid, Krankheit, Konflikt und Tod. In besonderem Maße aber durchzieht der Kult sein Leben und ermöglicht es ihm immer wieder, seinem Leben eine geistige, überpersönliche Orientierung zu geben.

Nur im modernen Menschen klaffen profanes Leben und Geistigkeit so weit auseinander, daß sich für ihn das Sowohl-Als-auch schnell in ein Entweder-Oder verwandelt. So folgt in unserer Zeit die Mehrzahl einem stumpfen Materialismus, in dem das Religiöse und Geistige keinen Raum findet, und eine Minderzahl entschließt sich zur Weltflucht und entwickelt eigenartig lebensfremde Höhenflüge, die spirituell genannt werden, jedoch oft mehr Ähnlichkeit mit Neurosen haben. Doch gerade am antiken Menschen, den wir in diesem Zusammenhang ja ganz besonders im Auge haben, kann man sehen, zu welch lebensbejahender Haltung der mythische Mensch auf der einen Seite fähig war, ohne gleichzeitig – wie uns die Tragödie noch deutlich zeigen wird – die Augen vor dem notwendigen Scheitern menschlich irdischer Entwicklung verschließen zu müssen. Wer eben die Welt und sein Leben ständig vom Göttlichen durchdrungen weiß, muß weder durch ständiges Verdrängen oder Bekämpfen aus dieser Welt eine heile Welt basteln, noch muß er sich durch Hoffnungen auf jenseitige Belohnung über diese Welt hinwegtrösten.

Dies ist der entscheidende Unterschied griechischer Religion zu unserem Gottesverständnis. Die griechischen Götter sind ja gerade nicht anthropomorph, wie unser Unverständnis es so gerne hinstellt, sondern der Mensch ist theomorph. Die griechischen Götter umfassen das ganze Sein mit all seinen Aspekten, jedoch so ausgewogen, daß die Leichtigkeit und Heiterkeit jener Unsterblichen geradezu sprichwörtlich ist. In den griechischen Göttern findet der Mensch all das vor, was er im Abglanz auch in sich vorfindet – da es für alles aber ein göttliches Vorbild gibt, kann er es sich erlauben, auch alles in sich vorzufinden. So kommt nicht nur Freude und Glück von den Göttern, sondern gleichermaßen auch Wahnsinn, Verblendung und Untergang. Der antike Mensch konnte beides völlig gleich annehmen.

Im Vergleich dazu trägt unsere Gottesvorstellung wesentlich mehr anthropomorphe Züge, indem sie ein Spiegelbild unserer neurotischen Bewußtseinslage ist, die die Ganzheit des Seins aufspaltet in das, was richtig, gut und erlaubt ist, und in das, was es eigentlich besser nicht geben sollte. So bilden wir ein edles, gutes und lichtes Gottesbild und schieben alles Böse dem Teufel zu, den es zu überwinden gilt. Doch dieses einseitige Gottesbild ist nicht mehr heilskräftig, da es nicht mehr »heil« im Sinne von »ganz« ist, sondern leider so gespalten wie wir selbst. Und so versinken wir immer weiter im Konflikt, gerade, weil wir es nicht wagen, uns einmal voll bewußt mit der Konflikthaftigkeit des menschlichen Daseins auseinanderzusetzen.

Versuchen wir – nachdem wir all diese Themen absichtlich nur sehr knapp berührten, um unseren Faden nicht zu verlieren – zu unserem Ausgangspunkt zurückzukehren.

Es ging dabei um die Frage, wie der frühere Mensch sein Leben ohne Psychotherapie meistern konnte. Ich versuchte, die Antwort dadurch zu geben, daß Mythos, Kult und dabei ganz speziell die Initiation im Pubertätsalter kollektive Erlebnisformen waren, die in hochspezialisierter Weise die psychische und geistige Entwicklung des Menschen leiteten. Es war sozusagen eine »kollektive Psychotherapie«, wobei ich diese Formulierung letztlich nicht stehen lassen möchte, da jenes kultische und initiatische Geschehen in Wirklichkeit weit über die Grenzen heutigen Psychotherapieverständnisses hinausgeht. Eher müßte man sagen, diese früheren kultischen Formen erfüllten nebenbei auch das, was heutzutage gute Psychotherapie erreichen kann.

An dieser Stelle möchte ich nun die Erinnerung zurücklenken zu jenem Phänomen, das ich anfangs beschrieb, daß nämlich Psychotherapie, je tiefer sie geht, um so unpersönlicher, d. h. immer archetypischer wird. Mythos und Kult bearbeiteten die Reifungsschritte der menschlichen Seele auf einer ganz tiefen, grundlegenden Ebene. Dem Menschsein liegt auf der geistigen und psychischen Ebene genauso eine einheitliche Struktur zugrunde wie auf der Körperebene. Durch diese kollektiven Erlebnisformen wird dem Menschen seine ganz persönliche Individuation ermöglicht. Es ist bestimmt kein Zufall, daß die am weitesten entwickelten Psychotherapieformen der Gegenwart primär von der Mythologie lernten (speziell die analytische Psychologie von C. G. Jung und die archetypische Psychologie von James Hillman).

Mythologie und Kult der Vergangenheit wissen so viel mehr über die geistige Seite des Menschen als wir, weil die Menschen dieser Kulturen ihren ganzen Einsatz in diesen Bereich lenkten. Dafür mußten sie auf Maschinen, Flugzeuge, Mondfahrt und Computer verzichten. Wir haben unsere Aktivität in die Materie gelenkt und dort große Wunder vollbracht, doch gleichzeitig verkrüppelte unsere Seele und unser Geist. Unsere Welt wurde zu einem Kindergarten mit hochentwickeltem Spielzeug. Das Defizit können letztlich nicht die Psychotherapeuten auffangen. Es bedarf eines kollektiven Schrittes, der alle oder wenigstens viele Menschen ergreift und ihnen hilft, hineinzuwachsen in ein geistiges Weltbild und Weltverständnis.

Auf der Suche nach Heilmitteln, die in der Lage sein könnten, solche Individuationsschritte zu induzieren, stieß ich auf die griechische Tragödie. Diese Lösung wird nur so lange verblüffen, wie wir in der Tragödie nichts anderes als eine schöngeistige Theateraufführung im Sinne unseres Kulturbetriebes sehen, als Dokument antiker Dichtkunst oder als Frühform unseres Dramas. Doch die attische Tragödie hatte und hat mit all dem gar nichts zu tun. Vielmehr stammt sie aus dem Dionysoskult und ist aufs engste verknüpft mit dem Mythos. Sie war somit immer und ausschließlich ein religiöses, kultisches Ereignis, wovon schon äußerlich der Dionysosaltar zeugt, der immer in der Mitte einer Tragödienaufführung stand.

So mag nun meine Motivation, mich der Tragödie zuzuwenden, allmählich offen darliegen. Die Tragödie ist wohl das Größte, was jemals die menschliche Geistesgeschichte hervorgebracht hat – darüber sind sich auch alle Fachleute trotz der unterschiedlichen Deutungen einig. Sie ist die Blüte der geistigen Entwicklung des antiken Griechenlands und entstand genau zu der Zeit, bevor diese Geistigkeit durch Sophistik und rationale Philosophie ihren Abstieg begann. Die Tragödie hat zweieinhalb Jahrtausende überdauert ohne ihre Faszination zu verlieren.

Ich möchte im weiteren versuchen, vor dem Hintergrund des bisher gesagten einen Zugang für den heutigen Menschen zu schaffen, der vielleicht helfen mag, sich über die reine Faszination hinaus dem eigentlichen Anliegen der Tragödie vorurteilsfrei so weit zu öffnen, daß wir ihrer ganzen kultischen Wirkung teilhaftig werden können.

II

DIE ATTISCHE TRAGÖDIE

»Durch die Tragödie kommt der Mythos
zu seinem tiefsten Inhalt,
seiner ausdrucksvollsten Form;
noch einmal erhebt er sich,
wie ein verwundeter Held,
und der ganze Überschuß von Kraft,
samt der weisheitsvollen Ruhe des Sterbenden,
brennt in seinem Auge mit letztem,
mächtigen Leuchten.«

FRIEDRICH NIETZSCHE, *Geburt der Tragödie*

Wenn wir von der griechischen Tragödie sprechen, so denken wir an Aischylos, Sophokles und – mit Vorbehalt – noch an Euripides. Wir stehen etwa im 5. Jahrhundert v. Chr. – vielleicht ist es das geistesgeschichtlich bedeutsamste Jahrhundert, das unsere Geschichte vorzuweisen hat. In Indien lehrt gerade Buddha, in China verfaßt Lao-tse das Tao-Tê-King, in Griechenland legt Heraklit seine Schrift im Artemis-Tempel zu Ephesus nieder, und unter den Händen von Aischylos und Sophokles entfaltet sich die attische Tragödie als Blüte griechischer Dichtung.

Die Frage nach der Entstehungsgeschichte der attischen Tragödie beschäftigte bis auf den heutigen Tag unzählige Forscher und Gelehrte. Ihre Antworten auf diese Frage sind recht unterschiedlich und widerspruchsvoll, denn die geschichtlichen Vorläufer der Tragödie verlieren sich im historischen Dunkel, das dann viel Raum für persönliche Meinungen und Vermutungen offenläßt. Zu den sicheren Quellen gehört noch Aristoteles, von dem wir im vierten Kapitel seiner Poetik erfahren, daß die Tragödie sich aus den

Dithyrambos-Gesängen entwickelt hat. Der Dithyrambos ist ein dionysisches Kultlied, über dessen frühe Formen wir auch nicht viel Genaues wissen. Herodot (I, 23) berichtet uns, daß Arion in Korinth (6. Jh.) als erster einen dionysischen Dithyrambos von einem tragischen Chor (τϱαγιϰὸς χοϱός) singen und aufführen ließ. Es ist uns heute nicht ganz klar, worin nun eigentlich das erwähnenswerte Neue in der Tat jenes Arion bestand, denn sowohl der Dithyrambos als auch der tragische Chor müssen zu jener Zeit bereits existiert haben. Neu war offensichtlich die Koppelung der beiden, die bis dahin nicht üblich war.

Was aber ist nun der tragische Chor? Das Wort tragos (τϱάγος) heißt Bock, somit ist der tragikos choros (τϱαγιϰὸς χοϱός) nichts anderes als ein »Bockschor«, also ein Chor, der aus maskierten, dämonischen Bockswesen besteht. Hiermit betreten wir aber wiederum die Welt des Dionysos, denn Dionysos ist nicht nur der Gott der Maske, sondern vor allem der Gott jener ekstatischen Wildheit und Rauschhaftigkeit, welche die Menschen in Rasende verwandelte und so in Verbindung brachte mit den dämonischen Tiefen und Abgründen des Menschseins.

Da das Wort Tragödie (τϱαγωδία) also wörtlich »Bocksgesang« bedeutet, so können wir, bei allen sonstigen Unklarheiten, getrost davon ausgehen, daß am Anfang ein Chor stand, der, als Böcke maskiert, eine Schar von dämonischen Wesen darstellte, die sich in einem ekstatischen, rauschhaften Zustand befanden und so ihren Gott Dionysos mit kultischen Liedern anriefen. Aus diesem Chor löste sich irgendwann eine Person heraus, die in der Maske dem Chor als »Antworter« (griech. ὑποκριτής) gegenübertrat. Im Gegensatz zu dem zur Instrumentalbegleitung singenden Chor sprach nun der »Antworter« im jambischen Trimeter. Hierbei entstand die hohe Spannung zwischen Chor und Schauspieler, zwischen Gesungenem und Gesprochenem, die wir bei Nietzsche dann als die Grundspannung zwischen dem Dionysischen und dem Apollinischen wieder antreffen werden. Aischylos und Sophokles haben dann die Anzahl der Schauspieler erhöht, wobei jedoch die Zahl von drei Hauptrollen eigentlich niemals überschritten wurde, nicht gezählt unwichtige Nebenrollen wie Boten und Diener. Die dynamische Struktur der Tragödie erlaubt nur drei Sprechende, denen der Chor als viertes gegenübersteht.

Aus diesen knapp skizzierten Uranfängen der Tragödie ergeben sich bereits mehrere wichtige Einsichten in das eigentliche Wesen der attischen Tragödie, das sich scharf von all dem, was später noch den Namen Tragödie oder Trauerspiel tragen wird, unterscheidet.

Der Urgrund der Tragödie liegt im Singen und Sprechen, doch nicht im Spielen oder in der mimischen Darstellung. In unserer Sprache ausgedrückt, besteht keinerlei Verbindung zwischen Tragödie und Drama. Dies ist in vielerlei Hinsicht ein wichtiger Punkt. Allzu oft versuchte man, die Tragödie aus der Freude am Mimischen abzuleiten. Doch diesen Zusammenhang gibt es nicht. Die Tragödie zeigt keine Handlung. Hierin unterscheidet sie sich vom Drama, bzw. von den modernen Tragödien (Shakespeare, Schiller). Obwohl der attischen Tragödie Ereignisse zugrundeliegen, die sich bestens für eine spannende und aufregende Dramatisierung eignen würden, wie z. B. Morde, Selbstmorde, Blendung, Wahnsinn, Kämpfe usw., sehen wir diese Taten auf der antiken Bühne gerade nicht. Die Handlung ist meist bereits vor Beginn der Tragödie geschehen oder findet hinter den Kulissen statt. Auf der Bühne geschieht keine Aktion, sondern wir hören lediglich den Bericht über das, was bereits geschehen ist. Selbst diese Berichte zeigen keinen dramatischen oder spannenden Aufbau, sondern reduzieren das Geschehen auf reine Information. Häufig fällt jede Spannung oder Überraschung der Handlung auch dadurch noch weg, weil durch die anfängliche Verkündung von Orakelsprüchen das Geschehen sowieso von vornherein bekannt ist und sich die Botenberichte mit dem Hinweis begnügen können, daß das Unumgängliche nun eingetreten sei.

Der Tragödie fehlt also jegliche Absicht, etwas darzustellen. Deshalb kann man im engeren Sinne gar nicht von »Schauspielern« reden, denn es wird gar nichts gespielt. Es wird lediglich gesprochen. Hier liegt auch das Fremdartige der Tragödie für den heutigen Menschen. Erwarten wir doch vom Theater gerade das Spiel und die Dramatik des Geschehens. Doch diese Erwartungen befriedigt die Tragödie nicht. Daraus sollten wir jedoch nicht voreilig den Schluß ziehen, daß die frühe Tragödie diese Aspekte noch nicht entwickelt hatte und somit das Fehlen der Aktion Ausdruck von Unbeholfenheit oder des »noch nicht Könnens« sei. Mit solchen vorschnellen Urteilen würden wir das Wesen der Tragödie völlig verkennen. Ihre Größe liegt ja gerade im Verzicht auf Handlung – denn sie ist reine Reflexion. Als kultisches Ereignis löst sich die Tragödie von der Ebene des Geschehens und damit von der menschlichen Verstrickung und betritt die Ebene der Betrachtung, um das Wesentliche, das in der Form menschlichen Handelns verborgen war, offenbar werden zu lassen.

Die Tragödie läßt somit das Unsichtbare sichtbar werden, offenbart den Sinn des Geschehens, der gerade dem Menschen solange verborgen bleibt, solange er vom Geschehen selbst fasziniert ist. Diese Höhe hat

Theater nach der griechischen Tragödie wohl nie mehr erreicht. Die Tragödie ist einzig und allein daran interessiert, die ewige göttliche Ordnung sichtbar werden zu lassen, die *hinter* dem menschlichen Schicksal mit all seinen Konflikten, Nöten und Katastrophen als das Unveränderliche und allein Gültige sich erhebt.

Die Tragödie ist ein kultisches Geschehen. Wenn wir nicht berücksichtigen, daß der Hintergrund der Tragödie – wie überhaupt des Theaters – Mythos und Religion sind, werden wir zwangsläufig Schwierigkeiten haben, die Tragödie wirklich zu verstehen, und Fehldeutungen werden dann unvermeidlich sein. Viel zu oft schon wurde versucht, die Tragödie aus dem jeweiligen Zeitgeist und Zeitverständnis heraus zu deuten, ohne sich die Mühe zu machen, geistig in das kultische Umfeld der attischen Tragödie einzutauchen. Die Tragödie ist nun eben kein Kunstwerk, das für die Befriedigung kultureller Bedürfnisse gebildeter Bürger geschaffen wurde. Das Theater stammt aus der Mysterientradition und hatte dort die Aufgabe, während der Einweihungszeremonien, die sich häufig über viele Tage erstreckten, immer wieder wichtige Abschnitte des Mythos darzustellen.

Kult und Ritual sind ja immer der Nachvollzug mythischer Geschehnisse, auch dann, wenn die Darstellungsweise eine sehr hohe Abstraktion erreicht, wie beispielsweise bei der katholischen Messe. Der Ritus der Karwoche in der katholischen Kirche ist dafür ein anschauliches Beispiel, wie im Kult eine mythologische Geschichte dramatisiert und rituell dargestellt wird. Hier sollte sichtbar werden, daß Ritus und Theater in ihren Uranfängen nicht unterscheidbar sind. Noch heute gehören zu den kultischen Festen des tibetischen Buddhismus bekanntlich die Maskentänze, die immer Darstellungen bestimmter mythologischer Taten der Götter sind.

Es ist mir ein Anliegen, auf den religiösen und kultischen Ursprung des Theaters hinzuweisen, da das Theater zu unserer Zeit wohl am entferntesten Gegenpunkt angekommen ist und damit auch in der Gefahr steht, seine Berechtigung zu verlieren. Das Theater unserer Zeit bemüht sich, »aktuell«, zeitkritisch und politisch zu sein. Solche Bemühungen machen oft nicht einmal vor der Tragödie halt – auch sie wird modernisiert, ihr werden Probleme unserer Zeit untergeschoben, und man glaubt, gerade dadurch die Zeitlosigkeit der attischen Tragödie eindrucksvoll zu demonstrieren. Doch hat man bei dieser Entwicklung, die sehr wohl auch ihre Berechtigung hat, langsam aus dem Auge verloren, daß es eine Thematik des Menschseins gibt, die wirklich zeitunabhängig ist und auch jenseits aller zeitbedingten Probleme liegt. Wenden wir uns aber dieser Ebene zu, betreten wir automatisch das Gebiet der Religion.

Schon sind wir wieder an den Uranfängen des Theaters, das eben damals die transzendenten Muster menschlichen Lebens und menschlichen Schicksals und dessen Bezug zur ewigen Ordnung in Form von mythologischen Geschichten sichtbar machte. Die Bühne wurde deshalb schon immer als die »Bühne des Lebens« begriffen, als die »Bretter, die die Welt bedeuten«. Wir wissen ja, daß der antike Schauspieler eine Maske trug und somit seine Stimme sozusagen herlieh, um eine Maskenform zu beleben.

Aus diesem Zusammenhang leitet sich unser Begriff der »Person« ab, denn das lateinische Wort personare heißt durch-tönen und bezog sich auf den Schauspieler, der durch die Maske tönte. Verfolgen wir unter diesem Gesichtspunkt die Analogie der Welt als Bühne weiter, dann sind wir Menschen die Masken, die Personen, durch die die Stimme des Göttlichen tönt, sind wir Menschen die Figuren, durch die die Götter das Spiel der Welt sichtbar werden lassen. Diese Idee finden wir bei Calderon im *Großen Welttheater* dann grandios ausgestaltet.

Bei einem Theaterstück steht aber die Handlung schon immer fest, die Aufführung dient allein der Sichtbarwerdung der Handlung. Der Schauspieler hat nicht die Aufgabe, während des Stückes eigenständige, neue Entscheidungen zu treffen, sondern seine Aufgabe besteht allein darin, das an sich bestehende Muster der Handlung auf der Bühne so gut wie möglich zu spielen, d. h. sichtbar werden zu lassen. Dieser Aspekt der Analogie wird für unsere weitere Betrachtung der Tragödie noch sehr wichtig werden, da in der Tragödie niemals wirklich Entscheidungen vom Helden getroffen werden. Die Tragödie zeigt, wie der Mensch ein bestehendes, meist vom Orakel bereits geweissagtes und daher bekanntes Muster nachvollziehen muß.

Diese Auffassung vom menschlichen Dasein steht im wohl krassesten Widerspruch zu unserem modernen Menschenbild. Unser ganzes Denken kreist um den freien Willen, um Entscheidungsfreiheit. Aus dieser modernen Sichtweise, die den Menschen als denjenigen sieht, der aus freiem Willen seine Welt gestaltet und sein Schicksal in der Hand hat, ergeben sich dann auch bestimmte Sichtweisen von Verantwortung, Schuld, Sühne, Belohnung und Bestrafung. Doch es hat verhängnisvolle Folgen, wenn wir mit unseren gewohnten Bedeutungsassoziationen dieser Begriffe in die Welt der attischen Tragödie eindringen, da das Weltbild dieser Zeit, in dieser Kultur, kaum eine Ähnlichkeit mit unserem aufweist. Wir müssen deshalb sehr behutsam mit all diesen Begriffen umgehen, bevor wir voreilig Schlüsse ziehen.

Die griechische Religion kennt den Begriff des freien Willens nicht, da sich ihr das Problem nicht stellt. Der griechische Mensch lebte in einer so unmittelbaren Nähe mit der Gottheit, daß er all sein Tun und Erleben immer als das Wirken der Gottheit empfand. Die für unsere Zeit übliche Haltung, das Tun dem eigenen Ich zuzuschreiben, wurde vom griechischen Menschen als größte Gefahr angesehen, die er »Hybris« nannte. Der griechische Mensch erlebte sich nicht als »unfrei«, weil es seine höchste Verwirklichungsform und damit seine Würde war, Arm der Gottheit zu sein. Wer sich von der Gottheit durchdrungen fühlt, kommt nicht auf die Idee der Unterscheidung von Ich und Gottheit. So wie in unserem Körper unser Arm von unserem Willen so vollständig durchdrungen ist, daß er eben genau das tut, was er tun soll und wir wenig Verständnis dafür hätten, wenn dieser Arm einen eigenen Willen und eigene Freiheit entwickeln würde, um jedesmal neu zu entscheiden, ob er unserem Willen dienen will oder nicht, genauso erlebt sich der griechische Mensch als von dem göttlichen Willen durchdrungen. Diese Selbstverständlichkeit geht so weit, daß er für errungene Siege weder große Dankbarkeit der Gottheit zollt, noch sich beschwert, wenn er durch die Gottheit in Wahnsinn und Untergang geführt wird.

Unser Denken – auch das theologische – ist geprägt

von einer hohen Entfernung zwischen Mensch und Gott, wovon der Sündenfallmythos bildhafter Ausdruck ist. Welt ist für uns nicht mehr Offenbarung Gottes (Theophanie), sondern wurde eher zum »Gegenreich«. Wir erleben uns nicht mehr als Maske der Gottheit, wir wollen alles allein sein und machen können, und so entsteht erst das Problem der Willensfreiheit. Unser Begriff von Verantwortung bezieht sich auf unser Ich, nicht auf die Antwort, auf das Angesprochensein. Unser Verantwortungsbegriff sowie unser Schuldbegriff ist ein zivilrechtlicher, kein theosophischer.

Wir werden auf diesen Themenkomplex wieder zurückkommen müssen, wenn wir der zentralen Frage menschlicher Schuld in der Tragödie nachgehen. An dieser Stelle ist mir erst einmal wichtig, das Theater als rituelles Abbild der Welt auf uns wirken zu lassen und dabei gleichzeitig die ursprüngliche Aufgabe des Theaters zu erspüren.

Unser Ausgangspunkt war der kultische Ursprung der Tragödie. Wir befinden uns im Bereich des Dionysos, jenes Gottes, der als Zagreus von den Titanen in Stücke gerissen und verschlungen wurde, um später, zur Zeit des sich erneuernden Sonnenlichtes, wieder aufzuerstehen und zu erscheinen. Einen wichtigen Schlüssel, um diesen schillernden und widersprüchlichen Gott Dionysos zu verstehen, liefert uns Heraklit in seinem Fragment 15, wo er sagt:

> »Hades und Dionysos, dem sie rasen
> und toben, sind einer und derselbe«
>
> ωὑτὸς δὲ Ἀίδης καὶ Διόνυσος,
> ὅτεῳ μαίνονται καὶ ληναΐζουσιν.

Daß an mehreren Hauptfesten des Dionysos die Toten gefeiert und verehrt wurden (Anthesterien, Agrionien), spricht ebenfalls dafür, daß Dionysos mit Hades, dem Herrn der Unterwelt, des Totenreichs und der Schattenwelt, identisch ist. Dagegen spricht auch keineswegs die Tatsache, daß er ebenfalls ein Gott der Fruchtbarkeit ist, denn Leben und Tod sind hier nur die zwei Aspekte der gleichen Achse, die wir im Tierkreis z. B. als die Achse Stier–Skorpion wiederfinden. Nicht nur die Gegensätze Leben und Tod einen sich in Dionysos, sondern die Einheit der Gegensätzlichkeit ist wohl überhaupt das auffallendste Merkmal dieses Gottes. Walter F. Otto faßt in seinem Buch *Dionysos* dies in den Worten zusammen:

> »Seine Doppelheit ist uns erschienen in den Gegensätzen des Entzückens und des Schreckens, der grenzenlosen Lebensfülle und der wilden Zerreißung, in dem Lärm, dem die Totenstille innewohnt, in der unmittelbaren Gegenwart, die zu-

gleich absolutes Fernsein ist. Alle seine Gaben und Begleiterscheinungen zeugen von der Wahnsinnigkeit des Doppelseins: die Prophetie, die Musik und endlich auch der Wein, der feuerverwandte Künder des Gottes, der Seligkeit und Wildheit in sich trägt. Auf dem Höhepunkt der Erregung entschleiern alle Gegensätze plötzlich ihr Gesicht und zeigen, daß sie Leben und Tod heißen. In der äußersten Spannung ... kündet sich das große Geheimnis der Einheit aus den letzten Tiefen des Seins an, und es kündet sich nicht nur an, die Einheit selbst offenbart sich im griechischen Kultus und Mythos als wahnsinniger Gott, als Dionysos.«

Rausch und Ekstase sind also jene seelischen Erlebnisformen, durch die der Mensch im dionysischen Kult seine Ichgrenze überschreitet und in Kontakt kommt mit seinen unbewußten Tiefenkräften, mit dem Schattenreich und der Hölle in sich selbst und dadurch eine überpersönliche Einheitserfahrung des Seins machen kann. Aus dieser Erfahrungsqualität müssen wir wohl den Bockschor zu verstehen versuchen. Das Unterweltliche-Tierische-Triebhafte bricht aus dem Menschen hervor, Raserei und heiliger Wahnsinn verwandeln den Menschen und lassen ihn hineinblicken in die Abgründe des Daseins. Die Bocksgestalt – seit eh und jeh auch Symbol der Geilheit – ist Ausdruck des Dämonischen im Menschen, ist ein Künden vom Schattenreich, das dem ichhaften Menschen zur Ganzheit fehlt und ihn daher immer un-heil macht.

Unsere Kultur hat eine pathologische Angst vor diesem Bereich, und so sind sich von der Theologie bis zur Psychiatrie alle einig, daß dieser Bereich verdrängt, bekämpft, am liebsten ganz ausgerottet gehört. Es würde den Rahmen unseres Themas sprengen, aufzuzeigen, wie es all diesen verdrängten Gottheiten doch immer wieder gelingt, unter neuen Namen und Formen den Menschen unserer Zeit jene Angst und jenes Grauen einzujagen, dem der Mensch sich letztlich nicht entziehen kann, weil der Hades nun mal die eine Hälfte des Lebens ist. Der Kult der Antike war hingegen ein legitimer Rahmen für diese Erfahrung, der es ermöglichte, mit diesen dunklen Seinsqualitäten in Berührung zu kommen, sie dadurch zu konfrontieren und schließlich – wenigstens teilweise – auch zu integrieren.

Natürlich geschieht das Gleiche, wenn in unserer Zeit jemand in eine Psychose rutscht, doch dieses Geschehen gilt bei uns als krankhaft, unerwünscht, gefährlich, und deshalb sind alle Menschen darum bemüht, diesen Prozeß wieder rückgängig zu machen (vgl. J. Campbell, *Lebendiger Mythos*, Kapitel »Schizophrenie – die Reise nach Innen«). So wird die Psychose für die wenigsten Menschen zu einem wirklichen

Erfahrungsraum, denn man gönnt ihnen diese Erfahrung nicht, sondern bekämpft sie, unterbricht sie, unterdrückt sie. Diese pan-ische Angst (Pan läßt grüßen!) ist nur zu verständlich für eine Kultur, die krampfhaft an ihr eigenes Ich glaubt; alles, was dieses Ich und seinen Omnipotenzanspruch in Frage stellt, wird als der große Feind erlebt und muß deshalb ausgerottet werden. Mit dieser Angst im Nacken erscheinen uns dann auch frühere Kulturen und Kulte als barbarisch, primitiv, grauenhaft und gefährlich.

Der tragische Chor besteht also aus jenen verwandelten, erregten, ichvergessenen Dienern des Dionysos, bereit, ihren Gott zu schauen und ihm zu dienen. Dieser Chor ist der Mutterschoß der Tragödie. In dessen Mitte stand immer der Altar des Dionysos. In dieser ekstatischen Situation, die die Menschen befähigt, die Einheit der Gegensätze zu schauen, tritt nun eine »Maske« auf, ein mythischer Held, nicht als Handelnder, nicht als Sieger, sondern »in der Situation seines Untergangs. Nicht als Sterbender oder gar Getöteter; sondern in der Wolke seines Untergangsschicksals, das im kurzen zu voller Wirklichkeit und Deutlichkeit hervortritt und ihn zu Boden wirft.« (Walter F. Otto, *Das Wort der Antike*).

Eigentlich ist jeder tragische Held Dionysos selbst, da jeder Mensch nur eine Vermaskung dieses »Maskengottes« ist. Und so wie Dionysos selbst Jagender und Gejagter ist, Reißender und Zerstückelter, Tötender und Getöteter, Sterbender und wieder Auferstandener, so ist jeder Mensch Ausdruck dieses Gottes, Verkörperung dieser Spannung, die da heißt: Leben und Tod, Geburt und Untergang, Oben und Unten, Licht und Finsternis. Die Tragödie handelt immer von Dionysos, die Tragödie handelt immer vom Menschen – sie zeigt sein So-sein, die Gesetze seines Da-seins, sie kündet ihm die ewige Wahrheit. Die Tragödie kennt darum keine Charaktere, kein individuelles Schicksal, keine individuellen Probleme.

Es führt deshalb in die Irre, beispielsweise den Charakter des Ödipus deuten zu wollen, denn er hat in diesem Sinne keinen. Er ist jedermann, er ist der Typus des Menschen, jenes Menschen, der bereit ist, sein Schicksal auf sich zu nehmen, das die ewige Ordnung ihm zuteilte und durch Erleben die Gesetze des Menschseins und die Gesetze der Götter zu erkennen. Darauf weist auch Aristoteles deutlich hin, wenn er im 6. Kapitel der *Poetik* sagt:

»Denn die Tragödie ist nicht Nachahmung von Menschen, sondern von Handlung und von Lebenswirklichkeit. Folglich handeln die Personen nicht, um die Charaktere nachzuahmen, sondern um der Handlungen willen beziehen sie Charakter ein. Daher sind die Geschehnisse und der Mythos das Ziel des Tragischen. Das Ziel aber ist das wichtigste von allem. Ferner könnte ohne Handlung keine Tragödie zustandekommen, wohl aber ohne Charaktere.«

Eine kleine Einschränkung ist hier jedoch angezeigt. Die Tragödie zeigt nur den großen Menschen, den Helden, denn der »kleine Mann«, der »unbewußte Mensch«, der, eingebettet in seine Triebe und Gewohnheiten, seinen Blick nicht nach oben erhebt und die Herausforderung durch die Gottheit nicht annimmt, ist niemals Gegenstand der Tragödie, sondern der Komödie. Die Komödie zeigt den kleinen Mann, den »Normalbürger«, mit seinen Verstrickungen in die Tücken des Alltagslebens, das niemals die Größe eines Schicksals annehmen kann. Die Tragödie zeigt ausschließlich Helden und Könige, Menschen also, die sich der Aufgabe des Menschseins gestellt haben, die sich entschlossen haben, den Weg der Individuation zu gehen und deshalb bereit sind, die Wahrheit zu ertragen.

Um welche Wahrheit geht es in der Tragödie? Mit dieser Frage stoßen wir unwillkürlich zum Kern unseres Themas vor. Die Tragödie zeigt die Bedingung des Menschseins so klar und illusionslos, daß der heutige Mensch sie kaum ertragen kann. Wir haben es uns abgewöhnt, unserer eigenen Wahrheit ins Auge zu schauen. Wir wollen das Menschenbild der attischen Tragödie nicht wahrhaben. Deshalb deuten wir auch ständig die Tragödie um. Wir scheuen uns davor, uns selbst im tragischen Helden wiederzuerkennen – doch allein darum geht es, soll die Tragödie ihre religiöse, kultische und heilende Kraft entfalten.

Wir können – um das Verständnis zu erleichtern – die Wahrheit, von der die Tragödie kündet, in drei Schwerpunktthemen gliedern, die natürlich nur in ihrer gegenseitigen Bedingtheit und Abhängigkeit letztlich wieder sinnvoll und verständlich werden.

Das erste Thema kreist um die Konflikthaftigkeit menschlichen Daseins, um die Unvermeidlichkeit, als handelnder Mensch schuldig zu werden und dafür dann die Verantwortung tragen zu müssen.

Das zweite Thema zeigt, daß menschliches Dasein immer zum Scheitern verurteilt ist, da jegliche Entfaltung des Ichs letztlich Hybris ist und dessen Untergang herausfordert.

Das dritte Thema lenkt den Blick auf das Ewige, die Griechen würden sagen: auf die Unsterblichen. Der Mensch ist eingebettet in eine göttliche Ordnung, die für ihn erst dann wirklich sichtbar werden kann, wenn er den Glauben an seine Ichentfaltung geopfert und dessen Untergang akzeptiert hat.

III

DIE TRAGISCHE SCHULD

»Ich fragte, wo ist meine Sünde?«
Da gab mir eine Stimme Antwort:
»Sünde ist, daß du da bist –
Eine schwerere gibt es nicht.«

GUNAID, *Kašf 297*

Das Ringen darum, die tragische Schuld zu verstehen, hat in den vergangenen Jahrhunderten eine wechselvolle und mannigfache Geschichte durchgemacht und so manche abenteuerliche Deutung hervorgebracht. Zu stark ist das Thema der Schuld von zeitbedingten und kulturellen Geistesströmungen abhängig. Besondere Schwierigkeit hat – bis heute – das christliche Sünden- und Schuldbewußtsein mit der tragischen Schuld, ein Konflikt, der sich bei näherer Betrachtung als besonders originell und überflüssig herausstellen wird. Ein in der Vergangenheit verbreiteter, aber bereits in unserem Jahrhundert weitgehend überwundener Ansatz ist die Interpretation der tragischen Schuld als eine moralisch-sittliche Verfehlung. Daß dieser Versuch, eine moralische Schuld des tragischen Helden und dessen Sühne gegenseitig aufzurechnen, sich so lange halten konnte, ist verblüffend, da Aristoteles im 13. Kapitel der *Poetik* gerade besonders betont, daß die Tragödie nicht zeigen dürfe, »wie ein hervorragender Mann wegen seiner Schlechtigkeit und Gemeinheit einen Umschlag ins

Unglück erlebt, sondern wegen eines Fehlers (ἁμαρτία)«.

Wir werden auf diesen Satz noch einmal zurückkommen müssen. Vorläufig geht es nur darum, uns mit aller Deutlichkeit klarzumachen, daß die Tragödie eben nicht einen Menschen zeigt, der etwas Böses oder Schlechtes tut und nun dafür von den Göttern bestraft wird. Die Tragödie kennt keine moralische Grundstimmung, sie kennt keinen erhobenen Zeigefinger. In diesem Sinne verfolgt sie auch keine belehrenden oder erzieherischen Absichten. Zwar will sie etwas im Menschen bewirken, aber diese Wirkung zielt weit über Belehrung und Erziehung im bürgerlichen Sinne hinaus. Kult und Initiation wollen den Menschen wandeln, geben ihm aber keine Verhaltensmaßregeln an die Hand. Die Tragödie vermittelt Einsicht, und diese Ein-sicht ist es, die wandelt.

Die Frage, welcher Art nun die tragische Schuld ist, wird um so dringender, je klarer wir uns darüber sind, daß diese nicht in einer moralischen oder sittlichen Verfehlung zu sehen ist. Wenn ich weiter oben betont habe, daß die Tragödie den archetypischen Menschen darstellt und nicht einen bestimmten Charakter, so weist dies bereits den Weg zu einem Schuldbegriff, der zum Menschen als solchem gehören muß und nicht in dessen individuellem Handeln begründet sein kann. Der Mensch findet sich vor in der Welt der Gegensätze. Alles, was ihm begegnet, erscheint ihm als Polarität, und selbst sein Denken und seine Vorstellungskraft sind polar. Und so ist es uns Menschen unmöglich, Einheit wahrzunehmen oder überhaupt uns nur vorzustellen. Wir erleben uns als Ich, dem das andere und die Welt als Nicht-Ich gegenübersteht und somit zum Gegen-stand wird. So ergeben sich Innen und Außen, Tag und Nacht, Zeit und Raum, Leben und Tod.

Diese Gegensatzpaare sind natürlich beliebige Beispiele, die sich solange fortsetzen ließen, solange es noch menschliche Begriffe gibt. So wie jede Sinneswahrnehmung von der Polarität abhängig ist – wir brauchen einen Kontrast, in der absoluten Schwärze sehen wir nichts –, ist auch unser Denken von der Polarität abhängig, denn Denken ist Unterscheiden, und damit Scheiden des einen vom anderen. So können wir Einheit nicht denken, denn solange sich noch das denkende Ich von der Einheit unterscheidet, ist die Einheit keine Einheit, solange das Ich alles in Subjekt und Objekt zerlegt, gibt es Polarität.

Unsere polare Denkstruktur macht es aber nun möglich, ja, zwingt uns gerade dazu, auch der Polarität selbst einen Gegenpol gegenüberzustellen, bzw. davon abzugrenzen. Die Polarität der Polarität aber ist ja gerade die Einheit. Einheit meint in diesem Zusammenhang immer: Nicht-Zweiheit, meint die Zustandsform der Ungeschiedenheit. Es gehört zu der Eigentümlichkeit unserer Denkstruktur, daß wir auf Grund unseres Ausgeliefertseins an die Polarität gezwungen sind, eine Einheit zu formulieren, obwohl wir uns diese gerade nicht vorstellen können. Die Annahme einer Einheit ist für uns zwingend, würden wir sie negieren, würden wir damit gleichzeitig auch die Polarität negieren, denn sie kann ohne Kontrast nicht weiter existieren.

In einer Analogie ausgesprochen: Wenn ich einen Text lese, so setzt die Wahrnehmung der verschiedenen Buchstaben die Existenz eines unbeschriebenen Blattes als Hintergrund voraus. Leugne ich das unbeschriebene Blatt, dann leugne ich damit gleichzeitig den Text, denn das eine kann nicht ohne das andere existieren. Dennoch kann ich das unbeschriebene Blatt gar nicht wahrnehmen, sondern nur das beschriebene. Genauso verhält es sich mit der Polarität. Sie ist nur denkbar vor dem Hintergrund der Einheit, doch die Einheit ist nicht wahrnehmbar, da der Mensch nur Inhalte der Polarität erkennen kann. Ich möchte an dieser Stelle das Problem, wie denn neben der Einheit noch eine Polarität existieren könne, zurückstellen, damit wir unseren roten Faden nicht aus dem Auge verlieren. Dieser, für unser Denken also zwingenden Einheit, kann man verschiedene Namen geben: Tao, Nirwana, Gott, Selbst, Punkt, Ewigkeit usw. Hinter all diesen Begriffen steht das für den Menschen nicht Wahrnehmbare, das Ungeteilte, die Nicht-Zweiheit, die Zustandsform also, die alles Sein in ihrer Nichtunterscheidbarkeit enthält.

Manch einer neigt in unserer Zeit schnell dazu, diesen Schritt mit Glauben oder Mystizismus in Verbindung zu bringen. Doch dieser Schritt ist zu voreilig, deshalb wollte ich gerade nachvollziehbar machen, daß die Annahme einer Einheit nicht zu umgehen ist. Jeder Mensch, ob bewußt oder unbewußt, macht sie. Wenn ich hell sage, impliziere ich zwingend, daß es Dunkel gibt, auch wenn ich dies nicht ausspreche. Wenn ich von Vielfalt rede – und das tue ich bereits, wenn ich »ich« sage –, impliziert diese Akzeptanz der Vielheit gleichzeitig auch die Existenz einer Einheit.

Welchen Namen ich dieser Einheit dann gebe, ist eine andere Sache. Auch all die vielen Namen hierfür weisen nur auf etwas hin, das zwingend hinter der für uns Menschen erfahrbaren Welt der Vielheit da sein muß. Über diese Einheit können wir ansonsten keine positiven Aussagen machen, da positive Aussagen immer unterscheidende und damit ausschließende Aussagen sind. So kann man von Gott nicht sagen, daß er gut oder lieb sei, da man damit schlecht oder böse ausschließen würde und somit einen Einheitsbegriff wieder in die Polarität ziehen würde. Man kann von der Ewigkeit nicht sagen, sie sei lang oder sie sei kurz, da sie ja gerade jenseits unseres Zeitbegriffes ist. Sie ist Abwesenheit von Zeit. Das Nirwana ist nicht grün, und das Selbst gehört nicht mir. Deshalb verwendet die Metaphysik ausschließlich negative Aussagen über die Einheit.

Man kann sagen, daß die Einheit nicht Vielheit ist, daß Gott nicht begrenzt oder endlich ist, daß es im Nirwana keine Zeit gibt und ähnliches. Durch diese negativen Begriffe spüren wir schon etwas von der Nähe, in der Einheit und Nichts zueinander stehen. Unser westliches Ohr hat oft Schwierigkeiten, mit dem Begriff des Nichts oder einer negativen Existenz umzugehen und glaubt daher gerne, Nichts sei etwas, was es nicht gibt. Doch das Nichts meint die Nichtetwasheit, d. h. jene Zustandsform, in der das Sein noch nicht in die Existenz gegangen ist; existieren (lat. existere) heißt wörtlich heraustreten, das meint, in Erscheinung treten, was immer mit dem Schritt in die Differenzierung und damit in die Vielheit gekoppelt ist. Um zu existieren, muß etwas aus dem Sein heraustreten und unterscheidbar werden. Sowohl das Nichts als auch die Einheit sind für uns nicht existent, aber sie sind dennoch reines Sein, jedoch ohne Attribut, ohne Sondersein. Gott ist reines Sein, ist Einheit, ist Nichts, ist der Abgrund, aus dem das

Sein in die Existenz und somit in Erscheinung tritt. Die Welt der Vielfalt ist eine Sichtbarwerdung Gottes, des Seins, ist Offenbarung und Theophanie. Doch gleichzeitig bleibt die Einheit, bzw. das Nichts der ewige Hintergrund, die Quelle aller Vielheit und Offenbarung.

Man möge hier vorsichtig sein, allzu schnell solche Zusammenhänge in irgendwelche philosophische oder theologische Kategorien zu pressen, die da heißen: Monotheismus, Polytheismus, Pantheismus, Nihilismus, und wie die -ismen sonst noch heißen. Westliche Philosophie und Theologie sind in erstaunlichem Maße bemüht, Begriffe zu unterscheiden und gegenseitig abzugrenzen und versäumen bei dieser Tätigkeit häufig, das gemeinsame Grundmuster, das hinter den verschiedenen Betrachtungs- und Ausdrucksweisen liegt, zu sehen.

So gibt es in Wirklichkeit keinen echten Unterschied zwischen Monotheismus und Polytheismus. Beides sind legitime Betrachtungsweisen der gleichen Sache von unterschiedlichen Perspektiven aus. Der Monotheismus betont den abstrakten Gottesbegriff der Einheit, der für den Menschen unerkennbar hinter allem steht. Aufgrund dieser Entfernung zum Menschen zieht man auch ihn bald in die Offenbarung, sei es durch Menschwerdung, Dreieinigkeit oder andere Erscheinungsweisen. Der Polytheismus, den man so gerne vom Monotheismus abgrenzen will, betrachtet gleich den geoffenbarten Gott in der Vielheit der Kräfte und der Welt, ohne jedoch zu versäumen, auf die letztendliche Einheit dieser Vielheit zu verweisen. Der Mensch kann der Gottheit nur innerhalb der Vielheit, nur innerhalb der Welt begegnen (so hat das Judentum als Vorbild einer sogenannten monotheistischen Religion den schönen Begriff der Schechina, das ist die göttliche Einwohnung in der Welt!). Ähnlich voreilig bezeichnet man im Westen den Buddhismus als nihilistisch oder sogar atheistisch, weil man dort auf die Personifikation des Gottesbegriffes verzichtet und den Urgrund des Seins, das Nirwana, mit »Nichts« übersetzt.

Mir kommt es aber bei unseren Betrachtungen sehr darauf an, daß wir uns von dieser blinden Begrifflichkeit lösen, um zu sehen, daß, völlig unabhängig von irgendwelchen Glaubensüberzeugungen, wir Menschen uns in der Vielheit vorfinden und diese Vielheit zwingend eine Offenbarung einer Nicht-Vielheit, die wir Einheit oder auch Gott nennen können, ist. Diese Einheit ist das Metaphysische, Transzendente, Numinose, Unbekannte, eben der Hintergrund der sichtbaren Welt der Formen. Sichtbares ist deshalb Offenbarwerden des Unsichtbaren, Welt ist sichtbar gewordener Gott, Vielheit ist »zerbrochene Einheit«. Die Einheit kennt keine Zeit und keinen Raum, sondern ist ewiges Hier und Jetzt. Sie enthält alles – wie wir schon sagten – in seiner Ununterschiedenheit, d. h. nicht nebeneinander, sondern noch ungetrennt. Erst in der Vielheit stehen dann die Kräfte – scheinbar – gegeneinander, zerren in unterschiedliche Richtungen.

In der Einheit – so könnte man im Bild sagen – ist alles zu Null ausbalanciert. Deshalb ist Gottes Wesen Harmonie. Der Schritt aus der Einheit in die Vielheit ist ein Seinssprung, ein Zustandswechsel, den man weder örtlich noch zeitlich festmachen kann, denn Ort und Zeit gibt es ja erst in der Vielheit. Dieser Schritt ist der Ur-sprung (origo). Um diesen Ursprung kreisen alle Mythologien. Die mythologischen Geschichten über diesen Ursprung werden zwar in zeitlichen Begriffen erzählt, jedoch haben diese Zeitangaben mit linearen Zeitmodellen genausowenig zu tun, wie das »Es war einmal« im Märchen. So wie der Tagesanfang eines Menschen dadurch entsteht, daß der Mensch durch das Aufwachen aus einer anderen Daseinsform (Schlaf und Traum) in die des Tagesbewußtseins überwechselt, genauso entsteht jede Existenz durch einen Zustandswechsel, durch eine Absonderung von der Einheit.

Der unserem Kulturkreis vertrauteste Mythos, der diesen Schritt beschreibt, ist der jüdische Sündenfall-Mythos. Mit Recht wird hier dieser Schritt aus der paradiesischen Einheit mit dem Thema Erkenntnis in

Verbindung gebracht (. . . die Frucht vom Baum der Erkenntnis des Guten und des Bösen), denn jegliche Erkenntnis setzt immer die Spaltung zwischen Subjekt und Objekt, zwischen Erkennenden und Erkannten voraus (man beachte, daß Erkenntnis diese Spaltung auch wieder überwinden muß, weshalb wahre Erkenntnis das Getrenntsein von Subjekt und Objekt im Erkenntnisakt aufhebt; dies wird deutlich durch die Doppelbedeutung des Wortes Erkenntnis, das ebenfalls für geschlechtliche Vereinigung steht und z. B. immer im Alten Testament in diesem Sinne gebraucht wird: ». . . und er erkannte sein Weib . . .«).

Wird der Mensch ein Erkennender, wird er ein Unterscheidungsfähiger zwischen Gut und Böse, so betritt er damit die Welt der Polarität, die Welt der Vielfalt und muß gleichzeitig die Welt der Einheit und der Ununterschiedenheit verlassen. Dies ist der Schritt vom Dasein in die Existenz, der Schritt aus dem Paradies in die Welt. Der Mythos nennt diesen Schritt den Sündenfall oder den Sturz. Die »Sünde«, von der hier die Rede ist, ist die »Sonderung« im Sinne der Absonderung von der Einheit. Der Mensch ist nun also sündig, weil er ein Ich bildete und deshalb sich nicht mehr mit allem, was ist, identifiziert. Er ist polar und damit unheil, denn wer ein Ich hat, ist immer nur Teil und nicht das Ganze. Somit fehlt dem Menschen nunmehr etwas zum Ganzsein, zum Heil.

Das Fehlende aber ist sein Fehler, sein Ich ist die Sünde und sein Unheil.

Es gilt hier, sehr genau auf die Sprache zu achten und nicht so sehr an gewohnten Assoziationen zu kleben. Im hebräischen Text heißt »sündigen« chata – dieses Wort heißt aber gleichzeitig »fehlen, nicht vorhanden sein«. Im griechischen Text wird sündigen mit hamartanein (ἁμαρτάνειν) wiedergegeben, was gleichzeitig heißt: das Ziel *verfehlen*, den Punkt nicht treffen. Das entsprechende Substantiv heißt Harmatia (ἁμαρτία), zu deutsch so viel wie Sünde, Verfehlung, Schuld. Das gleiche Wort aber verwendet Aristoteles in seiner *Poetik* (Kap. 13) an der eingangs zitierten Stelle über die Tragödie, wenn er vom »Umschlag ins Unglück ... wegen eines Fehlers (griech. ἁμαρτία)« spricht.

Mir erscheint es äußerst wichtig, festzuhalten, daß in der griechischen Sprache dasselbe Wort für die biblische Sünde und für die tragische Schuld verwendet wird. Christlichen Theologen ist in der Mehrzahl daran gelegen, diese beiden Begriffe der christlichen Sünde und der tragischen Schuld in einen Gegensatz zu rücken, der überhaupt nicht zwingend ist. Dabei wollen wir uns hier gar nicht allein auf die formale Gleichheit des griechischen Wortes stützen, sondern diese nur als willkommenen Ausgangspunkt benutzen, um auch die inhaltliche Identität beider Begriffe aufzuzeigen. Dafür ist es aber vor allem notwendig, daß wir uns von unserem üblichen christlichen Sündenbegriff lösen, da er eine späte Verfremdung darstellt und mit der Sünde, wie sie im hebräischen Mythos und sogar noch bei Jesus gemeint ist, nicht übereinstimmt. Stellen wir einmal in den Hintergrund, was uns die christliche Kirche seit zweitausend Jahren lehrt, und kehren wir zurück zum Mythos selbst, dann werden wir hier die gleiche Aussage finden wie in der griechischen Tragödie (. . . und übrigens allen bekannten Mythologien dieser Erde, so weit sie dieses Thema betreffen!).

Betrachten wir noch einmal das mythische Bild und die in diesem Zusammenhang gebrauchten Worte. Es geht dabei also um einen Schritt (Fall, Sturz) aus einem Raum, genannt Paradies, in einen anderen Raum, genannt Welt. Für Paradies können wir auch Einheit oder kosmisches Bewußtsein sagen, für Welt Polarität oder Vielheit. Wer in dem einen Raum ist, kann nicht gleichzeitig im anderen sein und vice versa. In der Einheit gibt es keine Vielheit, damit keine Unterscheidung, keine Sünde, keine Erkenntnis und kein Ich. Erst in der Polarität beginne »ich« zu existieren, dadurch gibt es auf einmal auch »Nicht-Ich«, das mir als Welt, als Du, als »Gegen-stand« gegenübersteht. Ich habe mich von der Einheit abgesondert und bin sündig.

In dieser Zustandsform bin ich durch die Polarität, die durch mein Ich entstand, gezwungen, mich ständig zu entscheiden, da ich eben nicht mehr in der Lage bin, Einheit in ihrer Gleichzeitigkeit zu verwirklichen. So entsteht Zeit und Raum als jenes Vehikel, durch das ich nun nacheinander das verwirklichen kann, was gleichzeitig mir nicht mehr möglich ist. Jeder Schritt, jede Handlung, die ich jetzt tue, ist halb, ist einseitig, ist unheil und damit sündig. Was immer ich tue, ich zerreiße damit die Ganzheit, zerstöre die Harmonie, die Ordnung und schaffe damit ein »Fehlendes«. Was immer ich tue, wie immer ich mich entscheide, durch mein Tun bleibt das Gegenteil ungetan zurück, fehlt mir für meine Ganzheit und wird somit zum Fehler, zur Schuld.

Die Worte Fehler oder Schuld beziehen sich ursprünglich immer auf das Ungetane, niemals auf das, was man tut. Der Fehler ist das, was fehlt. Schulden sind das, was man nicht hat. Im Beispiel heißt dies: Wenn ich einatme, schulde ich der Ganzheit den Gegenpol, das Ausatmen. Daher versuche ich, diese Schuld, diesen Fehler, über den Umweg der Zeit zu begleichen, indem ich nachher ausatme. Ähnlich ist jeder Schritt, den der Mensch macht, ein kleines Hinfallen, denn um zu gehen, muß ich jedesmal die Balance, die Harmonie, verlassen, muß mich fallenlassen und dann diese entstehende Einseitigkeit schnell durch eine Gegenbewegung wieder zum Ausgleich bringen.

Wer diese Zusammenhänge in Ruhe betrachtet, wird sehen, daß das Leben in der Polarität von Schuld, Fehler und Sünde nicht zu trennen ist. Was immer der Mensch tut (und auch Nicht-tun ist eine Entscheidung und wirkt deshalb Unheil!), ist sündig, fehlerhaft, unheil und macht schuldig. Diese Begriffe haben zu der konkreten Form des Tuns gar keinen Bezug.

Dies wußte ursprünglich auch die christliche Kirche und lehrte dies durch den Begriff der Erbsünde. Das Problem der Sünde wurzelt im »ersten Adam« und wurde durch die Gegenbewegung des »zweiten Adam« (Jesus) ausbalanciert. Verfällt man nicht in den Fehler (in den nur der moderne Mensch verfallen kann), die mythologischen Bilder historisch zu verstehen, dann begreift man sehr schnell die Richtigkeit dieser Lehre. So tauft die Kirche beispielsweise kleine Kinder, um sie von der Sünde rituell reinzuwaschen, ohne dabei irgendwelche schlechten oder bösen Werke des Kleinkindes im Auge zu haben. Die Sünde gehört also zum Menschsein. Sie entsteht zwar durch sein Tun, aber das Tun ist unvermeidbar für den Menschen. Psychologisch ausgedrückt, ist das Ich der Wurzelpunkt der Absonderung und damit die Sünde. Das weiß auch die islamische Mystik, wenn Gunaid sagt: »Ich fragte ›wo ist meine Sünde?‹ Da gab mir eine

Stimme Antwort: ›Sünde ist, daß Du da bist – eine schwerere gibt es nicht.‹«

Aus all dem bisher Gesagten ergibt sich wohl auch, daß der Mensch die volle Verantwortung für sein Tun und Lassen trägt, aber die Sünde nicht dadurch vermeiden kann, daß er das eine oder das andere grundsätzlich tut oder unterläßt. Der Sündenbegriff hat eben gerade keinen Bezug zu irgendwelchen sittlichen oder moralischen Normen. Diese im Christentum üblich gewordene Koppelung von Sünde mit Bösem ist ein recht gefährliches Mißverständnis, da durch den Versuch, das eine zu tun und das andere zu lassen, das Ungleichgewicht, die Einseitigkeit immer größer wird und damit auch die Sünde.

Eine Religion verkündet ja immer einen Heilsweg, also einen Weg, der aus der Gespaltenheit und Sünde dieser Welt herausführen soll zurück ins Heil des ungeteilten Seins, zurück in die Einheit. Dieser Schritt, heraus aus der Welt, zurück in den anderen Raum, aus dem wir einmal hervorgetreten sind, balanciert den ersten Schritt, durch den wir sündig wurden, aus. Das ist die Überwindung der Sünde, die immer gleichbedeutend ist mit der Überwindung der Welt. Dabei stirbt das Ich, und das innerste Wesen des Menschen, sein Selbst, ersteht auf. Um diesen Prozeß wissen alle Mythen und Religionen der Menschheit.

Sie alle beschreiben deshalb den Tod und die Wiedergeburt ihres Gottes, sei es Osiris, Dionysos oder Jesus.

Die uns vertraute Geschichte des Todes und der Auferstehung Jesu zeigt in großartigen Bildern, wie der irdische Mensch am Kreuze der polaren Welt sterben muß und wiedergeboren wird im Reich des Vaters, das »nicht von dieser Welt ist«. Doch dieser Weg führt durch das Leid, weil der Mensch die Verantwortung tragen muß für die Sünde, die den Preis für den Weg durch die Welt darstellt. Deshalb wird ja gerade betont, daß Jesus die Sünde der Welt auf sich nahm und leiden mußte, obwohl er nichts »Böses« im Sinne der Welt tat.

Menschsein ist vom Leid daher nicht lösbar, weil Menschsein von Sünde und Schuld nicht lösbar ist. Diese Schuld ist jedoch weder nur metaphysisch, noch nur konkret, sondern beides, wie der Mensch eben auch in sich das Geistige und das Korporale zusammenbindet. So wenig der Mensch nur metaphysisch ist, so wenig ist die Schuld, von der wir sprechen, nur metaphysisch. Aber genausowenig ist der Mensch nur ein konkret irdisches Wesen, und so ist auch seine Sünde nicht allein konkret zu verstehen, beides bedingt sich.

In der christlichen Kirche hat der Sündenbegriff starke Veränderungen erfahren, doch in der attischen

Tragödie treten diese Zusammenhänge noch ganz rein und unverfälscht, wie sie in allen Traditionen gelehrt wurden, vor uns hin. Wir erleben in der Tragödie den Menschen, der darum ringt, das Richtige zu tun, der – wie wir am Beispiel des Königs Ödipus noch eindrucksvoll sehen werden – mit höchster Anstrengung versucht, das Schuldigwerden zu vermeiden und dennoch sich schließlich als ein Schuldiger vorfindet und dafür die Verantwortung übernehmen muß.

Bei dem Versuch, das »Tragische« zu definieren, rückte man meistens die Unvermeidbarkeit der Katastrophe, unabhängig von der menschlichen Entscheidung, in den Mittelpunkt der Definition. Dies ist auch der entscheidende Punkt, der dem heutigen Sünden- und Schuldverständnis fehlt. Sünde und Schuld sind eben völlig unabhängig davon, wie der Mensch sich entscheidet und was er tut. Er wird immer schuldig und – versäumt er, die Einseitigkeit auszugleichen – muß leiden. Diese Unvermeidbarkeit der Schuld so unverblümt zu zeigen, darin besteht die einsame Größe der griechischen Tragödie. Hier ernten nicht kleine oder große Gauner die verdiente Strafe für ihr Tun, hier wird nicht im bürgerlichen Sinne gerichtet und bestraft, hier ringt der Mensch mit den unwandelbaren Bedingungen seiner Existenz. Bei diesem Ringen muß er einsehen lernen, daß er den kindlichen Traum von der heilen Welt, an der er sich schuldlos erfreuen kann, opfern muß, um dafür zu erkennen, daß er mit jedem Schritt, den er tut, schuldig wird an der göttlichen Ordnung, deren Wesen Harmonie ist.

Dies zu erkennen, ohne die Flucht anzutreten, ohne den Göttern zu zürnen, sondern die Verantwortung zu übernehmen, wissend, daß diese Schuld das Unterpfand der ichhaften individuellen Existenz und deren Freiheit ist, macht die Größe des wahren Menschen aus. Hier rühren wir bereits sehr nah an das Geheimnis griechischer Kultur, die eine solche Wahrheit ungeschminkt ertragen konnte.

Die Frage, warum uns in der griechischen Tragödie nur Helden oder Könige begegnen, obwohl doch die aufgezeigten Zusammenhänge wohl für alle Menschen gelten, führt uns bereits in unseren zweiten Themenkreis, der dem Thema des Scheiterns gewidmet ist. Der Held und der König sind Urbilder für höchste Ausformung von Individualität und damit Ich-Entwicklung. Wenn wir von einem Menschen der Masse sprechen oder auch nur vom Volk, so verbinden wir mit diesen Begriffen automatisch die Idee der Undifferenziertheit, während der Held und der König wie Kristallisationspunkte aus dieser Undifferenziertheit herausragen. Der Weg des Helden ist der Weg der Differenzierung, und diese geschieht durch Abgrenzung.

Analog erleben wir diesen Prozeß bei jedem Kinde, das in der Phase der stärksten Ichbildung sich von allem abgrenzt durch sein »Nein« (Trotzphase). Fast jedes Märchen erzählt uns, wie der künftige Held als erstes von zu Hause weggeht in die Fremde, um dort Abenteuer zu bestehen, um so durch Kampf und Auseinandersetzung seine Individualität zu formen; wer zu Hause, d. h. im sicheren, kollektiv-mütterlichen Bereich bleibt, kann kein Held werden, kann nicht erwachsen werden. Daß die meisten Märchenhelden zum Schluß Könige werden, zeigt uns schon die Nähe dieser beiden Bilder. Wenn der Weg des Helden aber darin besteht, sich durch Kampf und Abgrenzung zu differenzieren und dies damit der Weg der Ichentwicklung ist, so führt dieser Weg zwangsläufig immer tiefer in die Sünde und die Schuld. Vereinfacht könnte man sagen, je weniger Ichhaftigkeit, desto weniger Schuld; je mehr Ich, desto größer die Sünde. In diesem Sinne wird ja das Tier deshalb auch nicht schuldig.

Der Weg des Helden führt also immer tiefer in die Schuld und ist daher grundsätzlich zum Scheitern verurteilt. Nüchtern formuliert heißt dies, daß jede einseitige Entwicklung zum Scheitern verurteilt ist, da es in Wirklichkeit keine Linearität gibt, sondern alle Prozesse zyklisch sind. Der heutige Mensch versucht immer wieder, an lineare Abläufe zu glauben; unser modernes Weltbild ist auf solchen linearen Strukturen aufgebaut, wie z. B. unser historisches Zeitverständnis, vor dessen Hintergrund wir uns als historische Menschen begreifen. Aus dieser linearen Vorstellung folgt eben dann die Idee, daß wir heutzutage auf allen Gebieten »weiter« entwickelt sind als die Menschen früherer Epochen. So glauben wir dann an den Fortschritt und an die Zukunft.

Der mythische Mensch lebt dagegen in einer zyklischen Zeitvorstellung, die der Erfahrung in der Natur abgelauscht ist. Ein Jahr ist ein Jahreskreis. Ist dieser abgeschlossen, so beginnt ein neues Jahr, das jedoch keine lineare Fortsetzung des alten ist, sondern eine Wiederholung der bisherigen Jahre. Daher war der Jahreswechsel für den früheren Menschen von größter Bedeutung und wurde rituell begangen, wovon unsere Silvesterfeiern noch der letzte profane Nachhall sind. Denn das Ende eines Jahres bedeutete das Ende der gesamten Schöpfung, das neue Jahr entsprechend eine neue Schöpfung der Welt. Damit jedoch eine neue Schöpfung entstehen kann, muß die alte Ordnung eingerissen und zum Chaos zurückgeführt werden, aus dem dann die neue Ordnung ersteht. So wurde früher rituell am Ende eines Jahres die bestehende Ordnung durch wilde und orgiastische Feste aufgelöst und damit die Voraussetzung geschaffen, daß das neue Jahr als wirklich etwas Neues und nicht als Fortsetzung des alten entstehen konnte. Bei diesem Anlaß wurden dann die Mythen über den Ursprung der Welt und der Weltordnung erzählt oder aufgeführt.

In einem solchen Welterlebnis gibt es natürlich keine Fortschritts- und Zukunftsgläubigkeit, wie wir sie kennen. Dieses Anklammern an lineare Modelle ist eine Eigenart unseres Ichs, denn unser Ich will Dauer – weil es dieses in Wirklichkeit gerade nicht hat – und träumt deshalb ständig von linearer Machtentfaltung, ewiger Jugend, ewigem Leben, ewigem Glück, ewiger Dauer. Das Wort »ewig« ist hier im üblichen – jedoch falschen – Verständnis gemeint, nämlich ewig als »langdauernd, nicht mehr endend«.

Schon diese sprachliche Umdeutung des metaphysischen Begriffs »ewig«, der eine Verneinung von Zeit ist und deshalb mit »langdauernd« oder ähnlichem gar nichts zu tun hat, ist ein sprechendes Beispiel für das Problem, um das es hier geht. Ein linearer Ewigkeitsbegriff ist völlig absurd, dennoch verwenden wir ihn in diesem Sinn. Jede lineare Vorstellung ist absurd, und dennoch glauben wir daran, obwohl uns die Erfahrung ständig eines Besseren zu belehren versucht. Alles was Anfang hat, hat auch ein Ende. Jede einseitige Bewegung wird in eine gegenpolare umgepolt, wodurch die erste zum Ausgleich oder zum Gleichgewicht gebracht wird. Wir atmen ein – wir atmen aus, wir wachen – wir schlafen, es ist Tag – es ist Nacht, wir leben – wir sterben. Jede Einseitigkeit fordert ihren Gegenpol heraus, und beide zusammen schließen sich zum Kreis. Unter dem Aspekt von Zeit und Raum betrachtet, zerlegt sich der Kreis in eine Schwingung oder einen Rhythmus. Unter dem Aspekt des ewigen Seins betrachtet, ist jede Schwingung oder jeder Rhythmus ein Kreis.

Wenden wir dieses Wissen beispielsweise auf große Kulturen an, so sehen wir, daß diese einen Anfang, einen Höhepunkt, einen Abstieg und einen Untergang haben. Niemand würde hier widersprechen. Eigenartigerweise setzt der Widerspruch aber genau dann ein, wenn es um unser Leben oder auch nur um unsere eigenen Interessen geht. Bei unserer Wirtschaftswachstumsrate akzeptieren wir noch einen Anfang und einen Aufstieg, wollen aber um jeden Preis den Höhepunkt als Einleitung des Abstiegs vermeiden. Unsere Firma soll expandieren, aber selbstverständlich linear bis in alle »Ewigkeit«. Und unter demselben Aspekt richten wir unser Leben ein. Da darf es Geburt, Wachstum und Jugend geben, doch diese möchten wir dann linear in alle Ewigkeit verlängern.

Der Gedanke, daß unser Leben in der Welt einen Höhepunkt hat, an dem die Entfaltung unseres Ichs in der Welt abgelöst wird durch eine gegenläufige Phase, die nun all das, worüber wir uns in unserer ersten Lebenshälfte so freuten, wieder zurücknimmt, bis wir schließlich wieder zur Erde werden, von der wir genommen sind, erfreut uns nicht, und deshalb versuchen wir, ihn zu verdrängen.

Natürlich, unser Intellekt empfindet das Wissen, daß alles Leben mit dem Tod endet, als eine Binsenwahrheit. Aber wie leben wir? Begleitet uns diese Binsenwahrheit wirklich Tag für Tag, Schritt für Schritt durch unser Leben? Wieso leben wir dann in einer Kultur, die keine Todeskultur kennt? Mit diesem Phänomen stehen wir wieder einmal einsam in der Landschaft aller bisherigen Kulturen da. Ägypten baute Totenstädte, die mehr als viertausend Jahre überdauerten, während kein einziges Haus und kein Palast uns erhalten blieb.

Unsere Kulturleistungen hingegen beschäftigen sich ziemlich ausschließlich mit dem Kampf gegen den Tod. Lebensrettung ist neben Lebensentfaltung unser zentralstes Thema. Daß unsere Kultur sich allmählich vom Tod und vom Untergang immer bedrohter fühlt, ist kein Widerspruch zu dem Gesagten, sondern nur seine zwingende Konsequenz. Schon »Jedermann« mußte lernen, daß man den Tod nicht dadurch besiegt, daß man ihn vergißt, ihn leugnet oder ihn bekämpft. Leben heißt: auf den Tod zugehen. Diese Wahrheit ist weder vom Glauben noch von irgendeiner Philosophie abhängig.

Das Ich aber will leben, will sich entfalten, will Macht und Stärke – das Ich hat Angst vor dem Tod, denn der Tod entlarvt wortlos alle Phantasien und Wünsche des Ichs als »hoffnungslos« illusionär. Der Weg des Ichs ist daher zum Scheitern verurteilt. Der Mensch der polaren Welt identifiziert sich aber mit seinem Ich, denn allein durch das Ich empfindet er sich als etwas Be-sonderes, denn das Ich als abgrenzende Funktion sondert ihn vom anderen ab.

Held und König sind nun Symbole für diese ichhafte, besondere Instanz im Menschen, die durch ihre lineare Zielsetzung der Dauer letztlich immer hybrid ist und daher zum Scheitern führt. Der Mensch ist daher zum Scheitern verurteilt, solange er sich noch mit seinem Ich identifiziert, genauso, wie er zum Tod verurteilt ist, solange er sich noch mit seinem Körper identifiziert. Diesem Scheitern kann er nicht entrinnen. Das und nur das ist seine Tragik.

Wir entwickeln hier kein pessimistisches Weltbild, wie vielleicht beim ersten Eindruck mancher glauben mag. Das Wort »tragisch« müssen wir allerdings wieder reinigen von all den Bedeutungen, die es in unserer Kultur bekommen hat. Man verwendet tragisch heute im Sinne von schrecklich, furchtbar, traurig und setzt Tragödie mit Trauerspiel gleich. Bei all dem haben wir es mit einem Bedeutungswandel zu tun, der zwar formaler Ausdruck unseres, dem griechischen so verschiedenen Weltbildes ist, gleichzeitig uns aber auch ständig in die Irre führt, wenn wir versuchen wollen, die Tragödie zu verstehen. Zwar ist das Menschsein in seiner Ichhaftigkeit und seinem Sondersein zum Scheitern verurteilt – aber dies ist keineswegs schrecklich, traurig oder grauenhaft, auch dann nicht, wenn es das Ich so empfindet. Jedoch ist es tragisch in dem Sinne, daß die Tragödie von diesem notwendigen Scheitern weiß und es dem Menschen vor Augen stellt. Daß die Träume des Ichs zum Scheitern verurteilt sind, ist eine ebenso banale und nüchterne Feststellung wie diejenige, daß der Tag der Nacht weichen muß oder eine Blume zum Verblühen verurteilt ist. Aufstieg und Fall gehören nun einmal zur zyklischen Entfaltung des Lebens und sind innerhalb der Polarität unvermeidbar. Daran ist nichts Negatives oder Pessimistisches.

Eine Wahrheit zu negieren, ist deshalb auch nicht optimistisch, sondern lediglich dumm. Nur eine Kultur, die ihren Optimismus und ihre Fortschrittsgläubigkeit auf diese Dummheit gründet, fühlt sich von der Tragödie bedrückt. Es ist nicht leicht, der griechischen Kultur einen besonderen Pessimismus nachzuweisen, eher bewundern wir bei den Griechen gerade die optimistische, lebensbejahende, strahlende

Grundstimmung. Es sollte des Nachdenkens wert sein, warum eine solche Kultur die Tragödie schuf. Vielleicht liegt das Geheimnis doch darin, daß man echte Lebensbejahung nur auf einer Konfrontation der Wahrheit aufbauen kann. Die Wahrheit umfaßt aber Leben *und* Tod, Aufstieg *und* Fall, Glück *und* Leid, doch *über* diesen scheinbaren Gegensätzen leuchtet in der Tragödie das Eine auf, das von diesen Auf- und Abbewegungen des menschlichen Schicksals unberührt bleibt: die Welt der unsterblichen Götter.

Hiermit münden wir nun in unseren dritten Themenkreis, von dem aus wohl die beiden ersten überhaupt erst voll verständlich werden können. Bei vielen Versuchen, die Tragödie zu deuten, übersah man die Bedeutung der göttlichen Welt; doch die zentrale Bedeutung der Götter in der attischen Tragödie steht außer jedem Zweifel, wenn wir die Entstehungsgeschichte aus dem dionysischen Kult und ihre Verwobenheit mit dem Mythos adäquat berücksichtigen. Die Tragödie ist ein religiöses Ereignis und dient einzig und allein der Verherrlichung der Gottheit. In dem Moment, in dem die Religion und der Mythos einer aufklärerischen und sophistischen Philosophie (Sokrates!) weichen mußten, hat auch die Entfaltung der attischen Tragödie ihren Endpunkt erreicht. Deshalb verändert sich bereits unter Euripides, dem Zeitgenossen von Sokrates, die Form der Tragödie so weit, daß wir sie nur noch mit Vorbehalt an Aischylos und Sophokles anreihen dürfen. Vielleicht aber war der vielumstrittene »deus ex machina«* der letzte Versuch des Euripides, in einer bereits areligiösen Zeit das Wirken des Göttlichen in dieser »anschaulichen« Form dem Publikum vor Augen zu führen.

Wie immer man auch Euripides einschätzen mag, so erleben wir auf jeden Fall bereits in Sophokles einen Dichter, der sich mit Zeitströmungen auseinandersetzen mußte, die sich von der Religion immer mehr abwendeten und deren Weltbild sich immer deutlicher säkularisierte. Doch er selbst ist noch fest verwurzelt in Mythos und Kultus, was nicht nur durch seine Dichtung für uns deutlich wird, sondern auch dadurch, daß er das Priesteramt für den attischen Heildämonen Halon innehatte.

Der Hauptgegenstand der attischen Tragödie ist also die Verherrlichung der Gottheit und keinesfalls eine pessimistische Darstellung eines Menschenschicksals. Kein Christ käme auf die Idee, die Messe als Trauerspiel zu bezeichnen, obwohl sie sehr wohl die kultische Darstellung des Todes Jesu beinhaltet; ebensowenig würde er das Christentum als eine pessimisti-

* Deus ex machina (lat. Gott aus der Maschine), in der Tragödie der über dem Bühnendach erscheinende Gott, der den Knoten der Handlung auflöste.

sche Religion gelten lassen, obwohl Leidensweg und Tod Jesu zentrale Themen dieser Religion sind. Man würde entgegnen, daß Leid und Tod doch nur den irdisch weltlichen Teil des Menschseins beträfen, dahinter aber gerade das Wissen um die Unsterblichkeit und Ewigkeit des Lebens stehe, das ja gerade die Religion ausmache. In der griechischen Religion verhält es sich nicht anders, auch wenn die Formen christlicher Jenseitsvorstellungen und des griechischen Hades äußerlich keine so großen Ähnlichkeiten aufweisen.

Das wesentliche jeder Religion ist, daß sie die sichtbare Welt und damit auch das irdische Menschsein aus einem unsichtbaren Sein herleitet und einfach nicht akzeptieren kann, daß dieser Kosmos und seine Lebewesen ein Zufallsprodukt einer Reihe von Funktionsketten sind, hinter denen keinerlei Absichtlichkeit oder intelligente Ordnung steht. Unter einem religiösen Aspekt ist dann aber jede zeitliche Erscheinung immer endlich und vorübergehend und verliert damit an Wichtigkeit gegenüber der ewigen, unveränderlichen und unsterblichen Ordnung, die hinter dem Sichtbaren steht und die wir die Welt der Götter oder der Unsterblichen nennen können. Sich aus dieser ewigen Ordnung herauszulösen und abzusondern, ist im hebräischen Mythos – wie wir gesehen haben – Sünde. Das Leben auf das eigene Ich zu gründen und zu glauben, das Leben »auf eigene Faust« gestalten zu können, ist bei den Griechen Hybris.

Aus dieser Betrachtung folgt nicht – wie unsere Wertung der Begriffe uns gerne nahelegt –, daß der Mensch sich deshalb nicht aus der Einheit lösen sollte oder kein Ich bilden dürfte oder nicht versuchen sollte, den Weg des Helden zu gehen: ganz im Gegenteil. Darin besteht ja gerade der Weg des Menschseins, dieser ichhafte Weg durch das Leben macht ja gerade seine Existenz aus, aber dennoch ist und bleibt diese Existenzform zum Scheitern verurteilt. Die Tragödie warnt nicht vor der Schuld, ja, sie zeigt vielmehr gerade ihre Unvermeidbarkeit. Sie sagt nicht: Werde kein Held! sondern sie zeigt nur den Weg und die Konsequenzen des Menschseins auf. Die Tragödie ist deshalb bis zum äußersten »lebensbejahend«. Sie sagt ja zum Leben, obwohl es »tödlich« ist, sie sagt ja zur Schuld, obwohl sie durch Leid beglichen werden muß, sie sagt ja zur menschlichen Existenz, weil sie um die Existenz der Götter weiß.

Nur die Götter wissen um die ewige Ordnung, der Mensch kennt sie nicht und verliert sich in seinem Ichwahn. Dennoch entrinnt der Mensch der Ordnung nicht, er wird korrigiert in all seinen Einseitigkeiten, bis er wieder heimfindet, dorthin, woher er kam. Denn, wenn der tragische Held scheitert, scheitert ja nicht sein wahres Wesen, sondern sein Ich, seine

»Fehlidentifizierung«. Sein wahres Wesen, sein Selbst, wird durch das Scheitern in Wirklichkeit befreit. Der Mensch ist erst dann in Ordnung, wenn er sich wieder eingeordnet hat; dies aber setzt den Tod des Ichs voraus. Nietzsche hat dies zutiefst empfunden, als er von der »Freude an der Vernichtung des Individuums« spricht.

Weiter sagt er:

»Die metaphysische Freude am Tragischen ist eine Übersetzung der instinktiv unbewußten dionysischen Weisheit in die Sprache des Bildes: Der Held, die höchste Willenserscheinung, wird zu unserer Lust verneint, weil er doch nur Erscheinung ist und das ewige Leben des Willens durch seine Vernichtung nicht berührt wird.« »Wir glauben an das ewige Leben«, ruft die Tragödie ... Die dionysische Kunst will uns von der ewigen Lust des Daseins überzeugen: nur sollen wir diese Lust nicht in den Erscheinungen, sondern hinter den Erscheinungen suchen. Wir sollen erkennen, wie alles, was entsteht, zum leidvollen Untergang bereit sein muß, wir werden gezwungen, in die Schrecken der Individualexistenz hineinzublicken – und sollen doch nicht erstarren: Ein metaphysischer Trost reißt uns momentan aus dem Getriebe der Wandelgestalten heraus.« *(Geburt der Tragödie)*

Diese immense Spannung von Leben und Tod, Aufstieg und Untergang, Welt und Ewigkeit, Mensch und Gott, die wir bereits als Wesensmerkmal des Dionysos kennengelernt haben, macht die Größe der griechischen Tragödie aus. Es ist die gleiche Spannung, die uns auch im christlichen Mythos von Tod und Auferstehung wiederbegegnet. Deshalb ist auch der christliche Mythos und Kult eine Weiterführung der Tragödie und folgt der gleichen Struktur, auch wenn christliche Theologen dies mit allen Mitteln zu leugnen versuchen. In der Passion, im Tod und in der Auferstehung Jesu könnte der Mensch sich selbst wiederfinden, würde er den Mut haben, den historischen Abstand aufzugeben. Ebenso kann der Zuschauer sich im tragischen Helden wiederfinden, wenn er den Mut dazu hat.

Ein solcher Mut, sich selbst im Spiegel der Tragödie wiederzufinden, wird belohnt durch den Trost, der aus der Unwandelbarkeit göttlicher Ordnung hervorbricht, wenn man begreift, daß der Mensch gerade in seinem Zusammenbruch erlöst wird von seiner Schuld des Sonderseins; daß der Mensch im Scheitern aufgefangen wird vom wahren Leben, aus dem er niemals herausfallen kann, von dem er sich aber in wahnhafter Verblendung abwandte. Von diesem Trost weiß Hölderlin, wenn er über die sophokleische Tragödie sagt:

»Viele versuchten umsonst,
das Freudigste freudig zu sagen,
hier spricht endlich es mir,
hier in der Trauer, sich aus.«

Der Trost der Tragödie ist keine Ver-tröstung auf ein Jenseits, auf Belohnung oder ähnliches. Es ist die Konfrontation mit der Wahrheit, die das Freudige ausmacht. Solange der Mensch Held sein muß, ist er getrieben und geängstigt, kommt nicht zur Ruhe, weil alles, was außerhalb seines Ichs steht, zur Bedrohung wird. Es gibt wohl kaum ein besseres Beispiel für diesen Zustand als unsere heutige Zeit, die unter ihrer Fortschrittsgläubigkeit und unter dem Wahn, selbst den Gang der Welt zu bestimmen, in eine schreckliche Angst (= Enge!) gerät und sich deshalb von allem bedroht fühlt; Leben wird zum Lebenskampf.

Wenn der Mensch es schafft, in dieser Kampf- und Krampfsituation, in die ihn das Ich immer führt, die Vergänglichkeit seiner ichhaften Bemühungen und die Sterblichkeit seines Ichs zu konfrontieren, wirkt dieser Schritt wie eine Befreiung auf ihn. Ein Gefängnis fällt von ihm ab, und er wird fähig, etwas zu sehen, was er bis zu diesem Zeitpunkt einfach nicht sehen konnte, weil der Glaube an sein Ich die Sicht versperrte. So glaubt der Mensch sich sehend, obwohl er blind ist – wie jener Ödipus, dessen Hybris ihn über den blinden Seher spotten ließ, um später, nachdem er sich die äußeren Augen geblendet hat, »sehend« ins Reich des Hades eingehen zu können.

Eine Erzählung berichtet uns davon, daß König Midas im Walde lange Zeit nach dem Silen, dem Begleiter des Dionysos, gejagt habe und ihm, nachdem dieser ihm in die Hände gefallen war, die Frage stellte, was das allerbeste und allervorzüglichste für den Menschen sei. Nach langem Schweigen antwortete ihm dieser schließlich unter gellem Lachen:

»Elendes Eintagsgeschlecht,
des Zufalls Kinder und der Mühsal,
was zwingst du mich, dir zu sagen,
was nicht zu hören
für dich das Ersprießlichste ist.
Das Allerbeste ist für dich gänzlich unerreichbar:
Nicht geboren zu sein,
nicht zu sein, nichts zu sein.
Das Zweitbeste aber ist für dich
– bald zu sterben.«

Irdisches Menschsein entsteht durch die Einkörperung (Inkarnation) des Geistes oder, wie Johannes es ausdrückt: »Und das Wort ward Fleisch« (καὶ ὁ λόγος σάρξ ἐγένετο). Jede Inkarnation ist eine Menschwerdung Gottes, indem das Geistige, welches wir auch das »wahre Wesen« oder »das Selbst« nennen, in die Form gezwungen wird. Die Menschwerdung ist der Tod Gottes, der Tod des Menschen ist Gottes Auferstehung (Weihnachten – Ostern). Die Ichbildung ist der Tod des Selbstes, die Selbstfindung ist der Tod des Ichs.

Um dieses Mysterium kreisen alle Mythologien und alle Religionen. Immer muß das eine geopfert werden und sterben, damit das andere, bis dahin Verborgene, in Erscheinung treten kann. Wir Menschen identifizieren uns mit unserem Ich, und solange wir dies tun, können wir Erkenntnisse sammeln und Erfahrungen machen, jedoch ist Leid dabei für uns unvermeidbar. Doch wenn wir einmal – durch Leid zu dieser Einsicht getrieben – bereit sind, die Anhänglichkeit an unser Ich zu opfern, dann überwinden wir gleichzeitig die illusionäre Welt der Vielfalt, die in Wirklichkeit ja nur durch unser Ich entstand – und wir finden uns selbst. Doch dann gibt es uns nicht länger im Sinne des Ichs, im Sinne des Helden, weil unser wahres Wesen eins ist mit allem, was ist.

Dies ist der Heilsweg, der Weg zur Ganzwerdung, der Weg zur Überwindung der Polarität, der Weg der Ein-weihung, den letztlich jede Religion und jeder Mythos lehrt, seien die Formen noch so unterschiedlich. Die griechische Tragödie zeigt ebenfalls diesen Weg. Und deshalb war sie Bestandteil des Kultes.

Fassen wir die Botschaft der Tragödie zusammen, so würde sie etwa lauten: Als Mensch, der du in dieser Welt lebst, hast du ein Ich, und dieses zwingt dich, dich zu entscheiden und zu handeln – unabhängig, wie du entscheidest, wirst du durch jedes Handeln schuldig. Diese Schuld führt ins Leid, denn die Einseitigkeit deines Ichs ist zum Scheitern verurteilt. Doch durch das Handeln und das Leiden lernst du und gewinnst so Einsicht, so, daß du schließlich dein Ich überwinden und dich selbst finden kannst. Selbsterkenntnis ist dein Ziel, denn Selbsterkenntnis ist Gotterkenntnis.

Doch lassen wir dies Aischylos selbst formulieren:

»Ihn, der uns des Denkens Weg
Führt zum Lernen durch das Leid,
Unter dies Gesetz uns stellt!
Ruhlos statt des Schlafs quält das Herz
Leidgedenk neu sich stets: auch starrem Sinn
Ist die Einsicht noch genaht.
Das ist Götterhuld! Erhaben steuern
Sie die Welt mit harter Hand.«

(Agamemnon 176–183)

Nicht jede Tragödie endet mit dieser Einsicht. Doch liegt das hauptsächlich daran, daß – besonders bei Aischylos – Tragödien in Trilogien komponiert wurden, die uns eben (mit einer Ausnahme) nicht vollständig erhalten sind. Doch bereits die Bruchstücke der Prometheus-Trilogie lassen deutlich den versöhnenden Ausgang und die Einsicht des Prometheus in die Allmacht des Zeus erkennen. Ähnlich – dies wird uns noch beschäftigen – kann man bei Sophokles *König Ödipus* nicht adäquat deuten, ohne *Ödipus auf Kolonos* mit zu berücksichtigen.

Kommen wir nach all dem Gesagten zu unserer Ausgangsfrage zurück, was die attische Tragödie dem Menschen unserer Zeit zu sagen und zu geben hat.

Der Mensch unserer Tage ist geprägt durch zwei Themen: Christentum und Areligiosität. Dies klingt paradox, dennoch mischen sich diese beiden Strömungen in unserer Kultur und formen ein eigenartiges Weltbild. Diese überraschende Mischung kam wohl nicht zuletzt dadurch zustande, daß Wissenschaft und Religion – ursprünglich zwei Feinde (und dies mit Recht!) – aufgrund des Anpassungsbedürfnisses der Kirche in der Vergangenheit immer näher zusammenrückten. Die Kirche gebärdet sich immer wissenschaftlicher (Historizismus, Textkritik, Politisierung), während die Quantenphysik allmählich eine ganz brauchbare Metaphysik erstellte. Seit der Liturgiereform des II. Vatikanischen Konzils hat nun auch die katholische Kirche den Kult geopfert und der Zerstörung durch die progressive Theologie preisgegeben, um anstelle dessen sich für Sozialarbeit und politische Befreiungsbewegungen einzusetzen. So haben wir weder einen Mythos (denn das Christentum will man nicht mythisch, sondern historisch verstanden wissen!), noch einen Kult, noch eine Religion.

Wohl noch nie war eine Kultur diesseitiger als die unsere – oder ist eine solche Säkularisierung doch eine alte und immer wiederkehrende Erscheinung in den Untergangsphasen einer Kultur? Wie immer man das sehen mag, fest steht, daß wir mit einer ungeheuren Einseitigkeit auf unser Ich und das Leben in dieser Welt zentriert sind; zwar bemerken wir die Vergänglichkeit dieses Lebens und dieser Welt, doch die einzige Konsequenz, die wir daraus ziehen, ist die, nach ständig neuen Möglichkeiten und Methoden zu suchen, diese Vergänglichkeit herauszuschieben oder zu verhindern. Unser Blick bleibt dabei auf die Welt gerichtet, in der wir leben, und auf unser materielles Wohlergehen. Was uns in unserer Zeit fehlt, ist die »Metanoia«, um dieses schöne griechische Wort zu verwenden, was wörtlich die »Umwendung des Sinnes oder des Denkens« heißt und bezeichnenderweise im Neuen Testament mit »Buße« übersetzt wird.

Diese Bedeutungsverschiebung mag an dieser Stelle gleich als Beispiel dienen für den anderen großen Einfluß auf unsere Zeit, den ich neben der Areligiosität nannte, das Christentum.

Ich bin weit davon entfernt, die christliche Lehre oder die christliche Religion in irgendeiner Form angreifen zu wollen, ganz im Gegenteil. Das Problem, auf das ich aber hinweisen möchte, betrifft die Stimmung und die Wertkategorien, die sich im christlichen Kulturkreis ausgebreitet haben und die gar nichts mit der ursprünglichen Lehre zu tun haben, sondern auf das Konto der christlichen Kirche und Theologie gehen.

Kommen wir auf unser winziges Beispiel zurück. Wenn ein Durchschnittsbürger unserer Zeit die Worte hört: »Tuet Buße«, so verbindet er damit ganz andere Assoziationen, als er dies mit der Aufforderung: »Wende deinen Sinn in eine andere Richtung!« tun würde. Buße verbindet er mit Schuld und Sünde, dies wieder damit, Böses getan zu haben und damit ein schlechter Mensch zu sein, weshalb er sich nun vornimmt, in Zukunft nichts Böses mehr zu tun, um ein besserer und gottgefälligerer Mensch zu werden. Und so wird ständig unterschieden, was richtig und falsch, was gut und böse, was erlaubt und verboten, was moralisch und was unmoralisch sei. Angst und Enge entstehen, Gebote und Normen werden zur Richtschnur, um den Weg in den Himmel zu finden.

Mit dem Gesagten will ich eine »Stimmung« skizzieren, die in einem auffallenden Gegensatz zur »frohen Botschaft« (griech. Evangelium) steht. Diese sündenbewußte, wertende, moralische, intolerante und kleinkarierte Stimmung herrscht aber nicht nur unter den gläubigen Christen, sondern ist ein Kennzeichen des gesamten christlichen Kulturkreises geworden. Ich weiß sehr wohl, wie vehement man sich gegen das soeben Gesagte verteidigen wird, doch möchte ich an diesem Punkt um Bedachtsamkeit bitten. Die Stimmung, von der ich sprach, ist der Schatten der »frohen Botschaft«, so, wie die fast beispiellose Intoleranz des Christentums der Schatten der Liebe ist. Schattenfunktionen werden aber vom Bewußtsein nicht gesehen – das macht ja gerade das Problem aus.

Sehr viel Verteidigung ist an dieser Stelle auch nicht vonnöten, da mit dieser »Kritik« gar niemand getroffen werden soll, sondern nur der Beschreibung und dem Verständnis unserer heutigen Situation gedient sein soll. Denn gerade an den Stellen, für die wir blind geworden sind, könnte uns die griechische Tragödie die Augen öffnen und uns helfen, unser Weltbild und unser Menschenbild – sei es nun stärker religiös oder stärker wissenschaftlich geprägt – dort zu korrigieren, wo Zeitströmungen ihre verfälschenden Spuren hinterlassen haben.

Der Christ könnte lernen, an der tragischen Schuld

seinen eigenen Sündenbegriff neu zu verstehen, könnte sehen, daß Sünde die Absonderung meint und damit zum Menschsein gehört, ja, daß sie das Menschsein adelt, weil die Sünde das Unterpfand seiner personalen Freiheit ist (deshalb heißt es auch in der Liturgie der Osternacht: »Oh glückliche Schuld, die einen so großen, so erhabenen Erlöser zu erhalten verdiente.«)

Die Überwindung der Sünde, zu der der Christ aufgefordert ist, umfaßt aber nicht weniger als die Überwindung der Polarität und damit seines Ichs, das am Kreuze der Polarität sterben muß, nachdem es Leid und Folterung ertragen hat, damit das Selbst auferstehen kann von den Toten, um triumphieren zu können: »Siehe, ich habe die Welt überwunden.«

Der areligiöse Mensch könnte von der Tragödie lernen, daß das diesseitige Leben, mit dem er sich identifiziert, zum Scheitern verurteilt ist. Er könnte lernen, die Unvermeidlichkeit dieses Scheiterns zu akzeptieren, und lernen, seine Aufmerksamkeit auf das zu richten, was hinter dieser Welt und hinter dem kleinen personalen Ich steht. Ob man dies dann Welt des Geistes, Gottheit, Transzendenz oder Ewigkeit nennt, ist anfänglich nicht so wichtig wie die Umwendung des Sinnes an sich, die den Menschen wieder das werden läßt, was er im Innersten immer ist: ein homo religiosus.

Die Tragödie kann so von all den vielen Ängsten

befreien, die so bezeichnend sind für unsere Zeit, sei es die Angst vor der Schuld, sei es die Angst vor Tod und Untergang. Die Tragödie befreit nicht durch Verschweigen, nicht durch Verdrängen, nicht durch Vertröstung; sie zeigt die Wahrheit, die Stellung des Menschen in dieser Wahrheit, sie nimmt ihn an die Hand und führt ihn durch all die Schrecknisse und Bilder seiner Ängste hindurch. So reinigt sie ihn, so läutert sie ihn. Dies ist kultische Psychotherapie in höchster Vollendung.

In Athen war der Staat der Veranstalter der Tragödie. Zehntausend Menschen wohnten ihr bei. Danach war nicht nur der einzelne, sondern die ganze Polis gereinigt.

Ist es noch ein Wunder, daß die griechische Kultur eine Höhe erreichte, die bis heute als unerreicht gilt? Ist es ein Wunder, daß die griechische Kultur so strahlend und so optimistisch uns entgegenleuchtet? Wer bereit ist, so tief in den Abgrund des Seins zu schauen, der ist von aller Angst befreit. Es ist das genaue Gegenbild unserer Zeit: Wir versäumen keine Minute, uns Optimismus und Lebensbejahung zu suggerieren, und gleichzeitig werden wir gejagt von unseren Ängsten, vor denen wir immer schneller zu fliehen versuchen. Wir halten uns für eine Hochkultur und übersehen dabei, daß wir nicht einmal eine Kultur sind. Wir vermeiden das Tragische und rasen dem

Abgrund entgegen. Die tragische Weltsicht könnte die Rettung unserer Zeit sein – die Tragödie könnte zum Heilmittel werden, zum Mittler zum Heil.

Das spürte Friedrich Nietzsche schon vor über hundert Jahren. Er hat nicht nur recht behalten, seine Worte haben in diesen hundert Jahren wesentlich an Brisanz dazugewonnen:

> »Die Tragödie erzählt von den Müttern des Seins, deren Namen lauten: Wahn, Wille, Wehe. – Ja, meine Freunde, glaubt mir an das dionysische Leben und an die Wiedergeburt der Tragödie. Die Zeit des sokratischen Menschen ist vorüber: kränzt euch mit Efeu, nehmt den Thyrsusstab zur Hand und wundert euch nicht, wenn Tiger und Panther sich schmeichelnd zu euren Knien niederlegen. Jetzt wagt es nur, tragische Menschen zu sein: denn ihr sollt erlöst werden. Ihr sollt den dionysischen Festzug von Indien nach Griechenland geleiten! Rüstet euch zu hartem Streite, aber glaubt an die Wunder eures Gottes!« *(Die Geburt der Tragödie)*

IV

DER ÖDIPUS MYTHOS

Nie geboren zu sein:
Höheres denkt kein Geist!
Doch das Zweite ist dieses:
Schnell zu kehren zum Ursprung.

SOPHOKLES, *Ödipus auf Kolonos*
Viertes Standlied

Der Mythos von Ödipus ist wohl über dreitausend Jahre alt; seine erste schriftliche Erwähnung finden wir in Homers *Ilias* (23, 679), die etwa um 800 v. Chr. entstand. So ist es nicht verwunderlich, daß es sehr viele weitverzweigte Fassungen dieses Stoffes gibt, denen wir an dieser Stelle – um die Übersicht nicht zu verlieren – nicht weiter nachgehen wollen. Der interessierte Leser findet all die verschiedenen Varianten dieses Mythenkreises sehr gut in dem Buch von Karl Kerenyi *Die Mythologie der Griechen* dargestellt. Wir wollen hier lediglich kurz jene Hauptstationen der Geschichte skizzieren, die vor allem den Hintergrund der Sophokleischen Tragödienfassung bilden, die ja erst ca. 400 Jahre v. Chr. entstand.

Ödipus stammt aus dem Geschlecht der Kadmiden, das sich von Kadmos, dem Gründer der Stadt Theben, herleitet. Kadmos gehört in die fünfte Generation der Urkönige, die aus der Stierhochzeit des Zeus mit der kuhgestaltigen Jo hervorgegangen waren. Kadmos hatte sich in die Mysterien von Samothrake einweihen lassen; bei dieser Feier lernte er seine Braut Harmonia kennen, aus deren Verbindung dann Semele hervorging. Zeus zeugte mit Semele Dionysos, jenen Gott, der für das Verständnis der Tragödie so wichtig ist. Als Zeus Semele als Blitz erschien, verbrannte sie und mit ihr der Palast des Kadmos, der dann zum Demeter-Heiligtum werden sollte. Zeus nahm aus dem versengten Leib der Semele das Dionysos-Kind zu sich. Polydoros, der Sohn des Kadmos, führte die Herrschaft in Theben weiter, von diesem kam sie auf Labdakos und weiter auf Laios, den Vater des Ödipus.*

Laios heißt soviel wie »König des Volkes«. Laios hielt sich in jungen Jahren bei Pelops in Korinth auf, wo er dessen Sohn Chrysippos in der Kunst des Wagenlenkens unterrichten sollte. Laios verliebte sich aber in den Knaben und entführte ihn. Pelops verfluchte deshalb Laios: nie dürfe er einen Sohn zeugen oder er müsse durch die Hand dieses Sohnes sterben. Laios war mit Jokaste verheiratet. Das Orakel zu Delphi wiederholte den Fluch des Pelops und warnte Laios dreimal, einen Sohn zu zeugen. Nur wenn er kinderlos sterbe, könne Theben gerettet werden. Trotz dieser Flüche und Warnungen zeugte er mit Jokaste einen Sohn; aus Angst vor diesem Fluch entschlossen sich jedoch die Eltern dazu, das drei Tage

* Siehe Stammtafel auf S. 188.

alte Kind mit durchstochenen und zusammengebundenen Füßen im Kithairon-Gebirge von einem Diener aussetzen zu lassen. Der Diener jedoch empfand Mitleid mit dem Kind und übergab es deshalb einem anderen Hirten, der im selben Gebiet die Herden des Königs Polybos von Korinth hütete.

Indes der Diener des Laios diesem die Ausführung des Befehls meldet, bringt der Hirte das Kind zu seinem Herrscher nach Korinth. Polybos und dessen Gemahlin Merope, deren Ehe kinderlos geblieben war, nehmen sich des gefundenen Kindes an und ziehen es auf, als sei es ihr eigenes. Wegen der durchbohrten Füße wird es »Ödipus«, das heißt soviel wie »Schwellfuß«, genannt. Der heranwachsende Ödipus weiß nichts anderes, als daß er der Sohn von Polybos und Merope sei und Erbe von deren Königreich.

Da ereignet es sich, daß bei einem Festmahl ein betrunkener Korinther dem Ödipus zuruft, daß er gar nicht seines Vaters Kind sei. Ödipus ist beunruhigt und verlangt von seinen Eltern Auskunft. Doch diese versuchen, seinen Zweifel zu zerstreuen und beteuern ihm ihre Elternschaft. Doch in Ödipus bleibt ein Mißtrauen. Deshalb verläßt er heimlich seine Eltern, um zum delphischen Orakel zu reisen, in der Hoffnung, von diesem die Wahrheit zu erfahren. Doch – wie Ödipus meint – beantwortet das Orakel seine Frage nicht, sondern bedroht ihn mit einer schrecklichen Weissagung: Er werde zum Mörder seines Vaters werden und zum Gatten seiner Mutter.

Um auf jedem Fall diesem Schicksal zu entgehen, kehrt Ödipus gar nicht mehr nach Hause zurück, sondern zieht in anderer Richtung weiter. Er kommt schließlich an eine Wegscheide. Dort muß sich Ödipus entscheiden, in welche Richtung er weitergehen will. An diesem Dreiweg kommt es nun zu der schicksalshaften Begegnung mit seinem Vater Laios. Dieser ist – nur von einer kleinen Dienerschar begleitet – unterwegs nach Delphi, um Rat zu holen, wie man Theben von der Belagerung der Sphinx befreien könne. Ein Diener fordert Ödipus auf, dem Wagen Platz zu machen und drängt ihn ungestüm zur Seite. Ödipus, von Natur aus jähzornig, versetzt diesem einen Schlag, worauf Laios vom Wagen herab mit einem Stachelstock auf den Kopf des Wanderers schlägt. Ödipus stößt in blinder Wut den alten Mann vom Wagen und schlägt ihn tot und dazu noch die anderen Diener – nur einem gelingt es, zu fliehen.

Ödipus zieht weiter in Richtung Theben. Wie wir schon gehört haben, wird Theben gerade von der Sphinx, »der Würgerin«, belagert, ein Ungeheuer mit einem Löwenleib und einem Menschenhaupt. Unter anderem wird berichtet, Hera habe die Sphinx nach Theben geschickt, um die homophile Leidenschaft des Laios und die Entführung des Knaben Chrysippos zu rächen. Die Sphinx belagert also die Stadt und läßt die Thebaner über ein Rätsel nachsinnen; doch da diese die Lösung des Rätsels nicht finden, wählt sie sich täglich unter ihnen einen Jüngling als Opfer aus. Auf diese Weise kommt auch Haimon, der Sohn Kreons, ums Leben. Kreon ist der Bruder von Jokaste, und dieser hat nach dem Tode des Laios die Regierungsgeschäfte in Theben übernommen. Kreon läßt nun verkünden, daß demjenigen, der die Sphinx besiege, als Lohn Jokaste und das Königreich gehöre.

Ödipus, verlockt von diesen Möglichkeiten, geht hin zu dem Felsen, auf dem die Sphinx hockt und läßt sich das Rätsel stellen. Dieses Rätsel lautet: »Vierfüßig, zwei- und dreifüßig ist es auf Erden, doch eine Stimme nur hat es, vertauscht seine Haltung allein von allen Wesen, die auf der Erde, zum Himmel und durch das Meer sich bewegen. Aber sobald es gestützt auf die meisten Füße einhergeht, ist die Geschwindigkeit seiner Glieder die allergeringste.« Und Ödipus antwortet: »Hör, auch wenn Du nicht willst, bösflatternde Muse der Toten, auf mein Wort: Nach Gebühr hat nun Dein Treiben ein End! Meintest Du doch den Menschen, der, wenn er der Erde genaht ist, vierfüßig, töricht zuerst geht aus der Windel hervor; doch ist er alt, so stützt er als dritten Fuß auf den Stab sich, trägt eine Last auf dem Hals, weil ja das Alter ihn beugt.«

Das Rätsel ist gelöst. Die Sphinx stürzt sich vom

Felsen in die Tiefe und Ödipus, als Befreier von Theben, erhält die Königswürde und wird der Gemahl der Königin Jokaste. Mit ihr zeugt er vier Kinder, die beiden Zwillingssöhne Eteokles und Polyneikes, und die beiden Töchter Antigone und Ismene. So herrscht Ödipus als kluger und hochgeachteter König viele Jahre über Theben.

Doch da sandten die Götter eine Pest über das Land, so daß alles in Unfruchtbarkeit darniederlag. Nachdem alle menschliche Klugheit die Not nicht beseitigen konnte, schickte Ödipus seinen Schwager Kreon zum delphischen Orakel, um von den Göttern Rat einzuholen. Als dieser von Delphi zurückkehrte, kündet er vor versammeltem Volk den Spruch der Götter:

Der Mord an Laios laste als schwere Blutschuld über Theben. Solange diese nicht gesühnt sei, sei keine Rettung möglich. Ödipus macht sich sofort zum Anwalt dieser Angelegenheit. Erstaunt über die Tatsache, daß damals niemand nach dem Mörder des Laios gefahndet habe, ruft er nun jeden Bürger mit scharfen Worten dazu auf, mitzuhelfen, das Verbrechen aufzudecken. Den Mörder, sei dieser erst einmal gefunden, will er aus dem Lande vertreiben.

Er läßt den blinden Seher Teiresias holen, in der Hoffnung, durch dessen Seherkraft die Wahrheitsfindung beschleunigen zu können. Doch jener Teiresias weigert sich anfänglich hartnäckig, sich über diese

Sache zu äußern. Unter dem Druck und den Drohungen des erbosten Ödipus aber sagt ihm der Seher schließlich die Wahrheit offen ins Gesicht: Ödipus selbst sei der Mörder des Laios und Gatte seiner eigenen Mutter.

Ödipus ist nicht in der Lage, diese Wahrheit zu fassen, und vermutet deshalb hinter diesen Vorwürfen eine Verschwörung des Kreon. Der sehende Ödipus ist blind für die Wahrheit, die der blinde Seher offenbart. Ödipus will sich an Kreon rächen, doch Jokaste versucht die Heftigkeit des Ödipus zu lindern, wobei sie vor allem Orakel- und Seherspüche ins Wertlose und Lächerliche zieht. Deshalb erzählt sie von den alten Orakelsprüchen, die den Tod des Laios durch die Hand des eigenen Sohnes prophezeit hätten. Die Tatsache, daß Laios aber nun an einer Weggabelung ermordet worden wäre, sei, so meint sie, ein Beweis für die Nichtigkeit solcher Sprüche.

Doch was als Beruhigung gedacht war, trifft Ödipus im Innersten und beunruhigt ihn. Er forscht weiter nach den genauen Umständen, unter denen Laios ums Leben kam. Als er von dem entflohenen Diener erfährt, läßt er nach ihm schicken. Unverhofft stellt sich ein Bote aus Korinth ein, um Ödipus die Nachricht vom Tode seines Vaters Polybos zu überbringen. Gleichfalls übermittelt dieser den Wunsch der Bürger von Korinth, Ödipus möge ihr neuer König werden. Diese Nachrichten wirken befreiend auf Ödipus und Jokaste – scheint es doch so, daß damit das Eintreffen des einen Teiles des Orakels unmöglich geworden wäre. Doch bleibt die Angst vor der zweiten Prophezeiung, er würde seine eigene Mutter ehelichen.

Diese Bedenken versucht nun der Bote zu zerstreuen, indem er Ödipus darüber aufklärt, daß er ja gar nicht der wirkliche Sohn von Polybos und Merope sei. Er selbst, so versichert der Bote, habe damals Ödipus als Findelkind von einem Hirten übergeben bekommen und ihn dem Königspaar anvertraut. Da erscheint jener Diener, der bei dem Überfall des Laios sich retten konnte und nach dem Ödipus rufen ließ. Der Bote aus Korinth erkennt in diesem aber auch jenen Hirten, von dem er das Kind einst übernommen hatte.

Nun steht der Enthüllung der ganzen Wahrheit nichts mehr im Wege. Ödipus erfährt seine wahre Herkunft und von den Tötungsabsichten seiner Eltern; er muß erkennen, daß er an der Weggabelung seinen eigenen Vater erschlug und seine Mutter als Gattin nahm und mit ihr Kinder zeugte, für die er gleichermaßen Vater und Bruder ist. Er rast in den Palast und sucht mit gezücktem Schwert in allen Räumen nach Jokaste, um sie zu ermorden. Er findet sie schließlich erhängt in ihrem Schlafzimmer. Er bindet sie los, nimmt ihre goldenen Spangen vom Kleid und sticht sich damit seine Augen aus.

Die von ihm selbst verhängte Strafandrohung für den Mörder des Laios erfüllt sich nun an ihm – er wird des Landes vertrieben. Seine jüngste Tochter, Antigone, begleitet den blinden Vater als Führerin, während Ismene in Theben bleibt und dort versucht, im Rahmen ihrer Möglichkeiten für die Rechte ihres Vaters einzustehen. Unter den beiden Söhnen wird bald ein Streit um den Königsthron ausbrechen.

Etliche Zeit ist vergangen – es werden wohl Jahre sein –, da gelangt der blinde Ödipus zu einem besonderen Ort, an dem er sich niederlassen will. Er spürt, daß er den vom Orakel prophezeiten Ort erreicht hat, wo er mit Donner und Blitz aus diesem Leben hinweggenommen werden soll. Entsetzte Bürger machen ihn darauf aufmerksam, daß er einen heiligen Hain betreten habe, den niemand betreten darf. Der Hain ist den Rachegöttinnen, den Erinnyen geweiht, die hier allerdings als Eumeniden, als Wohlwollende, vom Volk verehrt werden.

Ödipus hat Kolonos erreicht, nahe der Stadt Athen. Er läßt nach Theseus, dem Herrscher dieses Landes, rufen. Als Theseus erscheint, gibt sich Ödipus ihm zu erkennen, bittet ihn um seinen Schutz und seine Gastfreundschaft und macht seinen alten Leib ihm zum Geschenk. Denn es gibt einen Orakelspruch, der besagt, daß demjenigen großes Wohl erwüchse, der Ödipus in sein Land aufnähme. Theseus ist ohne Zögern bereit, dem Ödipus Heimatrecht in seinem Land zu verleihen.

Doch damit sind noch einige Auseinandersetzungen verbunden. Kreon kommt herbei, um Ödipus mit schmeichelnden Worten nach Theben zurückzuholen. Als Ödipus zornig dieses Ansinnen zurückweist, versucht Kreon durch die gewaltsame Entführung der Töchter seinen Willen durchzusetzen. Bald nachdem die beiden Töchter durch Theseus aus der Gewalt Kreons befreit sind, erscheint Polyneikes, der Sohn von Ödipus, der vor einer entscheidenden Schlacht gegen seinen Bruder Eteokles steht und für einen Sieg seinen Vater braucht. Ödipus jedoch verflucht ihn und seinen Bruder. Darauf ertönt ein Donner vom Himmel; Zeus ruft den alten Ödipus. Nachdem die notwendigen Reinigungsrituale vollzogen sind, vertraut Ödipus dem Theseus ein Geheimnis, ein Mysterium an, daß dieser allein seinem Sohn von Mund zu Ohr weitergeben darf. Die Töchter bleiben zurück, als Ödipus, begleitet von Theseus, sich der Schwelle zur Unterwelt nähert. Die Erde öffnet sich, Ödipus wird in den Hades aufgenommen als verklärter Heros. Nur Theseus durfte sehen, was sich hier ereignete. Das Grab des Ödipus aber wurde zum Heiligtum.

V

KÖNIG ÖDIPUS

»Weh dem Menschen,
der nicht leiden kann und will;
er wird von Schmerzen zermalmt werden.

Wer nicht gehen will,
wird erbarmungslos von der Natur mitgezogen.

Wir werden mitten ins Leben wie ins Meer geworfen;
wir müssen schwimmen oder umkommen.«

ELIPHAS LEVI, *Geschichte der Magie*

Die Geschichte von Ödipus ist ein Mythos – dies sollte man niemals aus dem Auge verlieren, wenn man es unternimmt, Deutungen zu suchen. König Ödipus ist eben keine Charakterdarstellung; deshalb eignet es sich auch in keiner Weise für eine Charakteranalyse, die versucht, seine individuelle Entwicklung nachzuzeichnen, seine Fehler und Fehleinschätzungen aufzudecken und davon die erlittenen Konsequenzen abzuleiten. Ödipus ist auch keine historische Person; deshalb können wir es uns beispielsweise ersparen, gelehrte Untersuchungen über die Inzestfrage in der damaligen Kultur anzustellen.

König Ödipus ist ein Mythos, der in der Fassung als Tragödie die Aufgabe hatte, im Rahmen des religiösen Kultes die Zuschauer über die ewig gültigen Stationen menschlicher Individuation zu »belehren«. »Belehren« ist hier natürlich nur bedingt passend. Gewiß ist eine Tragödie kein »Lehrstück« und verfolgt niemals das Ziel einer »Erziehung« des Zuschauers. Doch jede gültige Form transportiert einen adäquaten Inhalt. Da nun aber ein Mythos eine Geschichte ist, die von der Wahrheit kündet, läßt es sich gar nicht vermeiden, daß eine Tragödie den Zuschauer in Kontakt bringt mit eben dieser Wahrheit. So ist die Tragödie immer »Symbolon«, jenes Medium, das den Zuschauer mit der transzendenten Wahrheit »zusammenwirft« (griech. συμβάλλειν = zusammenwerfen).

Es ist der gleiche Vorgang wie beim Märchenerzählen. Wir erzählen unseren Kindern Märchen nicht mit der Absicht, sie zu belehren, jedoch ist es unvermeidbar, daß das Märchen das Kind mit archetypischen Mustern in Kontakt bringt. Dieses Geschehen ist so zwingend, daß das Kind keiner psychologischen Deutung des Märchens bedarf – eine tiefere, nicht intellektuelle Schicht der Seele versteht schon, was das Märchen »meint« und bedeutet, weit besser und genauer, als der beste Psychologe es hätte deuten können.

Das Bild und das Symbol sind umfassender, als es die von der Polarität abhängige Sprache ist. Hier liegt auch begründet, daß z. B. eine wissenschaftliche Aussage niemals so »wahr« sein kann wie ein Mythos. Nur das Bild erträgt die Spannung der Ambivalenz. Die Sprache ist eindeutig und damit niemals im Gleichgewicht.

Wenn ich mich also nun anschicke, die Geschichte des Ödipus zu deuten, so tue ich das mit schlechtem Gewissen. Ich weiß nicht nur um die Überflüssigkeit dieses Unternehmens, sondern auch, daß ich diesem Anspruch niemals gerecht werden kann. Wahr ist allein die Geschichte, niemals ihre Deutung. Wenn ich mit diesem Unternehmen dennoch beginne, so deshalb, weil ich hoffe, durch solches Deuten, das ein Hindeuten meint, einige Menschen unserer Zeit dazu zu verführen, sich dem Mythos und der Tragödie wieder neu auszusetzen, denn was nützt die schönste Wahrheit, wenn man mit ihr nicht in Kontakt kommt, was nützt mir die Weisheit der Märchen, wenn ich kein Märchen lese. Ich möchte mit meinen Deutungen dem Intellekt des heutigen Menschen ein Alibi liefern, sich mit dem Mythos und der Tragödie zu beschäftigen, sie zu lesen, sie anzuschauen. Das wesentliche geschieht bei diesem direkten Kontakt, nicht bei den komplizierten Anstrengungen unseres Verstandes, etwas zu verstehen. Es ist lebenswichtig, zu träumen, Traumdeutung hingegen ist eher ein zweifelhaftes Unternehmen.

Damit es für uns heutige Menschen wieder zu diesem unmittelbaren Kontakt kommen kann, mag es also hilfreich sein, ein paar Zusammenhänge zu verstehen, damit unser Intellekt sich nicht ganz übergangen fühlt und uns deshalb einzureden versucht, all diese Geschichten seien unwichtig, überholt und für uns überflüssig.

Ödipus ist nicht ein Mensch, sondern *der* Mensch. Er ist nicht ein bestimmtes Individuum mit einem bestimmten Charakter und einem besonders »tragischen« Schicksal. Ödipus ist der Mensch schlechthin, der es auf sich nimmt, den Weg der Selbsterkenntnis zu gehen. Ödipus ist der Mensch, der bereit ist, die Strapazen des Weges auf sich zu nehmen, der zum wahren Königtum des Menschseins führt (die Begriffe »König« und »Königtum« werden hier etwa im Sinne der hermetischen Tradition bzw. der »Königlichen Kunst« der Freimaurer benutzt).

Ödipus ist jeder, dem es ein Anliegen ist, sich selbst und damit die Wahrheit zu finden. Ödipus ist unser Spiegel, und wenn wir begreifen, daß wir in ihm uns selber sehen, dann mag es sein, daß wir nicht nur betroffen, sondern sogar erschüttert werden.

Doch beginnen wir am Anfang. Ödipus stammt aus königlichem Hause, das allerdings nicht frei von Problemen ist. Über seinem Vater Laios lastet ein Fluch, der ihm prophezeit, falls er einen Sohn zeugen würde, von diesem ermordet zu werden. Dieser Fluch, von Pelops ausgesprochen, von Apollon bekräftigt, wurzelt in einem frühen Vergehen des Laios. Dieser war, aus Theben verbannt, bei Pelops und sollte dessen Sohn Chrysippos (wörtl. »mit den goldenen Pferden«) in der Kunst des Wagenlenkens unterrichten.

Laios aber, zu dieser Zeit bereits mit Jokaste verheiratet, verliebte sich in Chrysippos und entführte den Jungen. So traf ihn der Fluch des Pelops. Da dieser ein Schutzbefohlener des Gottes Apollon war, zog er auch den Zorn des delphischen Gottes auf sich, der durch das Orakel diesen Fluch bekräftigte.

In Laios finden wir einen König, der bestimmten Anforderungen nicht gewachsen ist. Er soll dem Chrysippos das Wagenlenken beibringen, d. h., er soll lernen, seine Pferde, das sind seine Triebe und Energien, zu zügeln und zu lenken, damit aus ihnen goldene Pferde, also von den irdischen Anhaftungen gereinigte Energien werden, die in der Lage sind, seinen Wagen (vergleiche den kabbalistischen Begriff von Mercaba) zum Ziel des wahren Königtums zu ziehen. (Vergleiche die alchemistische Bedeutung des Goldes als Ausdruck der gereinigten und erlösten Materie.) Dieser Aufgabe, seine Triebe zu zügeln und anzujochen, ist Laios nicht gewachsen. Er scheitert, indem er dem Trieb erliegt, der seinen Ausdruck in einer unreifen, homophilen Knabenliebe findet. Damit entzieht er sich der Auseinandersetzung mit dem Gegenpol (Frau) und regrediert auf die problemlose Beziehung zum unreifen Anteil seiner eigenen Männlichkeit. Er entführt Chrysippos, d. h. er entzieht die goldenen Triebe dem Bereich, in dem sie der Entwicklung dienen könnten. Hier setzt mit Recht der Fluch ein, denn wenn aus dieser unreifen, unkontrollierten Bewußtseinslage etwas Neues, eine Frucht, entspringt, muß dies zwangsläufig für das angestrebte wahre Königtum tödlich sein. Unbewußtes Handeln zeugt immer nur Früchte, die sich als verhängnisvoll erweisen.

Ich möchte an dieser Stelle auf die Parallelen zur östlichen Karmalehre aufmerksam machen, befürchte aber gleichzeitig die Mißverständnisse, die solche Querbezüge bei vielen auslösen mögen. Es geht mir nicht um den Versuch, der griechischen Religion die Karmalehre zu unterschieben oder um ähnliche »Gewaltakte«, jedoch ist es sehr wohl mein Anliegen, zu zeigen, daß bestimmte Traditionen zu allen Zeiten und in allen Kulturen das gleiche Grundwissen besaßen und lehrten, wenn auch die Formen sehr unterschiedlich aussahen. Ein wesentlicher Pfeiler der Karmalehre ist der Zusammenhang zwischen dem, was als »Außen« bzw. als Schicksal auf den Menschen zukommt und eigenem Handeln. Demnach hat jedes Handeln des Menschen Konsequenzen, die allein darin bestehen, die Einseitigkeit des Handelns durch einen Gegenpol auszubalancieren. Dabei geht es weder um Belohnung noch Bestrafung, wie eine oberflächliche Interpretation der Karmalehre im Westen gerne annimmt. Das Gesetz des Karma ist völlig neutral und verhält sich so wie ein Naturgesetz der Physik. Es gleicht jede Einseitigkeit aus. Vor diesem Wissen ist der Mensch immer gleichzeitig ein Erntender und ein Säender. Er erntet die Früchte früheren Handelns und sät gleichzeitig, was er später einmal als Frucht ernten muß. Karma ist das höchste Gesetz in diesem Universum. Der Ausdruck davon ist unser Schicksal.

Die Griechen sahen in Zeus ihren höchsten Gott, doch über ihm stand die Moira, das Gesetz des Schicksals, dem auch Zeus sich nicht entziehen konnte. Das Schicksal wurde von den Griechen aber nicht als zufällig oder willkürlich verstanden, jedoch als schwer durchschaubar. So wie der Osten uns die Karmalehre an Hand von »früheren Leben« darstellt, so finden wir das gleiche Gesetz bei den Griechen in Form von aufeinanderfolgenden Geschlechtern. So erfahren wir häufig von einem Fluch, der über viele Geschlechtsreihen einer Familie wirksam wird und damit die gleiche Lehre zum Ausdruck bringt wie das Karmagesetz des Ostens. Es geht immer um die Kontinuität eines Themas, das so lange als Schicksal dem einzelnen entgegentritt, bis dieser die darin enthaltene Aufgabe löst und damit sich vom Fluch erlöst.

Ödipus ist eine Karmafrucht des Laios, der König sein will und diese Position äußerlich auch vortäuscht, ohne die innere Reife zu besitzen, das äußere Königtum durch ein inneres Königsein authentisch zu machen. Jede Frucht aus dieser Unbewußtheit und Unreife muß notwendigerweise für ihn zum Verhängnis werden, nicht um der Strafe, sondern um der Korrektur willen.

Dies ist allerdings nur eine Bedeutungsebene des Laios, und wir werden bald eine andere kennenlernen, die mit dieser soeben skizzierten wenig zu tun hat. Wir dürfen uns nicht davon verwirren lassen, daß in der Sprache der Symbole die einzelnen Bilder mehrdeutig sind, und Gegensätze sich hier gerade nicht ausschließen.

Ödipus kommt also nicht unbelastet zur Welt, sondern bringt sein Schicksal mit, das jedoch nicht der Willkür der Götter entspringt, sondern ein Gewebe ist, dessen Fäden vom Menschen selbst gesponnen wurden. Diese Schicksalsfäden werden an Ödipus solange ziehen und zerren, bis er seine Verantwortung erkennt und übernimmt, bis er also bereit ist, seiner eigenen Vergangenheit zu antworten. Für unsere Überlegungen ist es von Wichtigkeit, zu begreifen, daß der Mensch nicht als »tabula rasa« auf die Welt kommt, sondern immer eine Hypothek mitbringt, sein Schicksal und damit seine Aufgabe. In christlicher Sprache würden wir von »Erbsünde« sprechen.

Viele Strömungen moderner Psychologie klammerten sich an die Idee, daß alle Menschen mit einer gleichen Ausgangsposition auf die Welt kämen und die Unterschiede auf Erziehung und Prägung durch die Umwelt zurückzuführen wären. Widerstrebend räumte man, nach vielen Experimenten, der »Vererbung« noch einen Platz ein. Doch ist man im Westen noch weit davon entfernt, zu begreifen, daß der Mensch in ein Muster hineingeboren wird, welches darauf wartet und danach drängt, durch Leben und Bewußtheit ausgefüllt und erfüllt zu werden. So wie der Mensch auf der körperlichen Ebene in ein fertiges Körperbild hineinwächst und dabei keineswegs willkürliche Formen entwickeln kann, so wartet auch auf der seelischen Ebene des Menschen ein Muster, das von ihm verwirklicht werden will.

Dem antiken Menschen war sehr wohl bewußt, daß Schicksal nicht aus Zufall oder Willkür, sondern aus der Notwendigkeit (ἀνάγκη) geboren wird. Wenn dieser Hintergrund fehlt, scheitert bereits hier das Verständnis für die Ödipustragödie, denn das Orakel kündet schon lange, bevor Ödipus auch nur gezeugt ist, davon, daß er seinen Vater ermorden wird. Es steht also schon vor der Geburt des Menschen fest, daß er schuldig werden wird und muß.

Ich möchte an dieser Stelle noch einmal wiederholen, was ich eingangs betonte, daß nämlich die Geschichte des Ödipus die Geschichte des Menschen ist und damit eben nicht eine ganz spezielle persönliche Story. Dadurch werden wir gezwungen, das Verständnis der Bilder sehr hoch anzusetzen, damit wir uns nicht in kleinkarierten Überlegungen verlieren. Die Ödipustragödie erzählt eben nicht die Geschichte eines Mannes, der versehentlich seinen Vater erschlägt. Wenn sie aber die Geschichte des Menschen schlechthin erzählt, dann würde das bedeuten, daß jeder Mensch seinen Vater ermordet und daß dies zu seiner Bestimmung gehört.

Nun setzen an einer solchen Stelle heutzutage sehr schnell psychologische Theorien an, die uns erklären, daß man auf seinem Weg des Erwachsenwerdens das innere Vaterbild ermorden muß, damit »der Weg frei wird«. Doch dieser Schluß ist etwas zu voreilig und einfach, denn er übersieht, daß Ödipus seinen Vater ermordet, ohne zu wissen, daß dies sein Vater ist. Damit verliert diese Tat aber völlig die ihr so häufig nachgesagte befreiende Wirkung. Dagegen unternimmt Ödipus alles, um den Mann, den er für seinen Vater hält und der damit die gültige Projektionsfigur für sein Vaterbild darstellt, nicht zu töten. Gerade in diesem feinen Unterschied liegt die Lösung. Ödipus tötet also seinen *wahren* Vater, ohne im geringsten seine Beziehung zu diesem Mann zu erkennen, während er den Mann, der gar nicht sein Vater ist, dafür hält und ihm die entsprechende Ehrerbietung entgegenbringt.

Hier haben wir nun das Problem, das für jeden Menschen gilt, denn der wahre Vater des Menschen ist das Geistige, die Einheit, Gott, der deshalb auch in vielen Religionen »Gott-Vater« genannt wird (»Unser Vater im Himmel«). Es möge jeder den Begriff wählen, der ihm zusagt, solange nur die Idee klar bleibt, daß die wahre Herkunft des Menschen nicht im irdischen Bereich wurzelt, sondern im Unsichtbaren, nenne man es nun Gott, Geist, Himmel oder Transzendenz. Auf genau diesen Punkt will übrigens auch die Vaterschaft Gottes bei der Empfängnis Jesu im christlichen Mythos hinweisen. Jesus spricht deshalb auch ständig von »seinem Vater im Himmel«, wenn er versucht, die Menschen an ihre wahre Herkunft und ihr wahres Ziel zu verweisen. Doch diesen »Vater im Himmel« kennt der Mensch nicht, solange er noch nicht in die geistigen Welten initiiert wurde, und so glaubt er daran, daß das Irdisch-Sichtbare seine Herkunft wäre, glaubt er also an Eltern, die es in Wirklichkeit gar nicht sind. Doch um diese Täuschung, diese Verwechslung, zu durchschauen, muß der Mensch – wie Ödipus – noch einen weiten Weg zurücklegen.

Mit diesem Wissen können wir nun wieder an den Anfang unserer Geschichte zurückgehen und verstehen, warum der Vater seinen Sohn aussetzt. Wir finden hier das gleiche Motiv wie bei der Vertreibung aus dem Paradies im jüdischen Mythos. Der Mensch darf nicht »zu Hause« bleiben, er wird vertrieben, ausgesetzt aus seiner geistigen Heimat, aus seinem väterlichen Königtum. Der Mensch findet sich als ein Vertriebener vor in einer fremden Umgebung, in einem Körper, in einer materiellen Welt bei fremden Eltern, die er, mangels Erinnerung, für seine richtigen Eltern hält und das fremde Reich mit seinem eigenen Königreich identifiziert. So beginnt der Weg des Menschen in arger Verwirrung. Laios hat Angst vor seinem Sohn, und in der jüdischen Fassung der Vertreibung begründet Gott sein Tun mit den Worten: ». . . daß er nun aber nicht seine Hand ausstrecke und auch von dem Baum des Lebens nehme und esse und ewig lebe!« (*Genesis*, 3, 22)

Es sind noch weitere Ähnlichkeiten in den Symbolen beider Geschichten auffällig. In der Genesis erfahren wir, daß die Schlange dadurch bestraft wird, daß ihr die vier Füße abgeschnitten werden und sie nun im Staube kriechen muß. (Die Vorstellung der vierfüßigen Paradiesesschlange, die damit einem Drachen sehr ähnlich wird, ist uns in den Sagen der Juden ausdrücklich berichtet. Vgl. Josef bin Gorion, *Die Sagen der Juden, Urzeit.*) Der Verlust der Füße verbannt also dazu, auf der Erde zu kriechen, und bedeutet gleichzeitig einen Verlust des Zugangs nach oben zum Himmel. In unserer Geschichte werden nun aber auch gerade die Füße des Ödipus gebunden bzw. durchbohrt, was dann zu seinem Namen »Ödipus« d. h. wörtlich »Schwellfuß« (griech. οἰδαλέος = geschwollen, πούς = Fuß) führt.

Die Verletzung der Füße, die ja hier bestimmt ein zentrales Symbol ist, da sich sein Name daher ableitet, ist jedoch ambivalent. Einerseits drückt sich darin sein Ausgeliefertsein und seine Abhängigkeit vom Irdischen aus, auch seine Unfähigkeit, seinen Weg ohne Hilfe zu gehen, andererseits aber verhindert diese »Bindung« auch die Möglichkeit, aus eigener Willkür seine Wege zu bestimmen. Er wird ein Abhängiger, einer, der im besten Sinne des Wortes ausgeliefert ist. Dies erinnert gleichzeitig an initiatische Verletzungen, die immer eine Infragestellung der irdischen Körperlichkeit bedeuten.

Bei den Juden kennen wir diese Initiationsverletzung als Beschneidung des Phallos. Nun weiß man, daß ursprünglich der Name des Ödipus »Ödiphallos« war. Es liegt hier also eine Bedeutungsverschiebung von Phallos zu Fuß vor. Wir sprachen vorhin von den Füßen der Schlange, und es mag jetzt auffallen, daß auch die Schlange ein phallisches Symbol darstellt. So rückt die Verletzung des Fußes deutlich in die Nähe der Beschneidung, deren Bedeutung u. a. ja auch darin besteht, die Hülle (hyle) der materiellen Welt in Frage zu stellen, zurückzudrängen, um den wahren Kern, das schöpferische Prinzip, zum Vorschein kommen zu lassen.

In dieser Hilflosigkeit übernehmen nun andere die Führung und bestimmen so das weitere Schicksal. Im Falle des Ödipus sind es Hirten, die diese Führung übernehmen, und es ist bestimmt kein Zufall, daß diese Hirten an den beiden entscheidenden Lebensstationen des Ödipus auftreten: Beim ersten Mal fädeln sie Ödipus in seine irdische Existenz ein, beim zweiten Mal fädeln sie ihn in seine innere Heimat ein, indem sie ihm helfen, seine wahre Herkunft und damit seine eigene Wahrheit zu finden. In beiden Fällen übertritt Ödipus eine »Grenze«, die erste ist eine irdisch-geographische, die zweite ist eine Bewußtseinsgrenze, welche das äußere Sehen zu einem inneren Schauen wandelt. Der Hirte ist ein uraltes Symbol für einen Seelenführer, einen Psychopompos. (Jesus wird ebenfalls häufig als »der gute Hirte« bezeichnet.)

Das Thema der Elternlosigkeit und der Heimatlosigkeit ist ein durchgängiges Motiv im Mythos und im Märchen. Sie bezieht sich immer auf den Verlust der »wahren Heimat« und ist damit die Voraussetzung dafür, ein Suchender zu werden. Solange der

Mensch die irdische Welt für seine wahre Heimat hält, solange er seine irdischen Eltern für seine wahren Eltern hält und glaubt, sein Reich sei von dieser Welt, gibt es für den Menschen keinen Grund, auf die Suche zu gehen. Eine solche Haltung ist für den heutigen Menschen die Regel. Der weiß nichts von seiner wahren Herkunft, von seinem Ausgesetztsein, von seiner ursprünglichen Königswürde. So richtet er es sich in dieser Welt so gemütlich wie möglich ein, bis jäh in diese vermeintlich heile Welt das Schicksal eingreift und diese heile Welt in Frage stellt.

So geschieht es auch Ödipus, der von einem betrunkenen Knecht ein Stückchen Wahrheit zugeraunt bekommt. In vino veritas. Die Eltern des Ödipus bestreiten diese Wahrheit, denn die Welt will ihre Söhne niemals verlieren und bestreitet daher immer die Wahrheit. Doch die heile Welt des Ödipus hat einen Sprung erfahren, der nicht mehr rückgängig zu machen ist. Die Wahrheit kam aus dem Rausch, also einer ekstatischen Erfahrung. Sie zieht ihn hin zur Gottheit nach Delphi, wo er Gewißheit erlangen will. Ödipus ist von der Wahrheit vergiftet, die ihn nun aus seiner kindlich heilen Welt der Träume vertreibt.

Er wendet sich der Transzendenz zu, indem er zur Orakelstätte reist, wo Apollo, der Gott der Wahrheit, sich dem Menschen durch den Mund der Pythia offenbart. Ödipus ist zum Suchenden und Fragenden geworden. Er will von Gott die Wahrheit über seine Eltern erfahren, und er erfährt sie. Doch er versteht sie nicht. In einer ganz ähnlichen Situation werden wir Ödipus bald wieder antreffen, wenn er das Rätsel der Sphinx löst. Hier spricht er dann die Wahrheit sogar selbst aus, aber er versteht sie wiederum nicht. Doch in beiden Fällen glaubt er, sie zu verstehen. Das Mißverständnis in Delphi beruht darauf, daß Ödipus nach seinen Eltern fragt, dabei aber seine »falschen Eltern« im Auge hat, während Apollons Antwort sich auf seine wahren Eltern bezieht, wenn sie ihm prophezeit, daß er zum Mörder seines Vaters und zum Gatten seiner Mutter werden würde.

Ödipus steht im Übergang vom ersten Drittel seines Lebens zum zweiten Drittel. Es ist der Übergang von der kindlich-naiven und daher heilen Welt des unschuldigen Kindes in die Phase der Ich-Entfaltung und der damit verbundenen Eroberung dieser Welt. An der Schwelle, die diese beiden Phasen trennt und verbindet, steht immer das Schuldigwerden, wobei zu diesem Zeitpunkt die Bewußtheit für die Schuld noch völlig fehlt. Die Bewußtwerdung der eigenen Schuld leitet bereits die dritte Lebensphase ein. Ödipus muß erst einmal im äußeren Sinne ein Erwachsener werden und sich hierfür von seinen äußeren Eltern abnabeln, was auch geschieht, indem er sie verläßt und nicht mehr zu ihnen zurückkehrt.

Die Aussage des Apoll bezieht sich jedoch auf eine viel tiefere Schicht. Götter treiben keine bürgerliche Psychologie. Die Eltern, die Apoll meint, sind »Gott-Vater und Frau Welt«. Es bleibt immer schwierig, in diesem Bereich mit solchen Begriffen zu arbeiten, weil sie häufig durch viele Vorurteile belastet sind. Gemeint ist hier mit dem Vater der bereits oben beschriebene geistige Ursprung des Menschen, während mit Mutter das weibliche, formenschaffende Prinzip der Welt gemeint ist. Diese symbolischen Zuordnungen waren in früherer Zeit allgemein üblich, und alle Weisheitslehren verwenden sie im gleichen oder ähnlichen Sinn. In der Tabula Smaragdina wird die Sonne als Vater und der Mond als Mutter bezeichnet. Die gesamte hermetische Tradition verwendet diese Symbole im gleichen Sinne. Immer wird mit dem solaren männlichen Prinzip die schöpferische Kraft des Geistes bezeichnet, während das weibliche lunare Prinzip für das formschaffende Prinzip steht, dessen wesentliche Qualität darin besteht, den solaren Kräften einen Widerstand entgegenzusetzen, diese also aufzunehmen und zu reflektieren. Aus diesem Zusammenspiel entsteht die Form der Welt (vergleiche auch im Kundalini-Yoga die Rolle der Shakti, die beim Abstieg die Welt der Formen erschafft).

Das Orakel Apollons verkündet also die bevorstehende Trennung zwischen Gott und Welt, zwischen männlichem und weiblichem Prinzip in ihrem höchsten Aspekt. In klaren Worten formuliert heißt dies, daß Ödipus nun das Göttliche, sein Selbst, töten wird, um eine Verbindung mit der Welt eingehen zu können. Diesen Prozeß nennen wir »Ich-Entfaltung«. Die Ehe mit seiner Mutter ist seine Verwicklung mit »Frau Welt«, mit »Mutter Natur«, mit der großen Hure, wie sie in der Johannes-Apokalypse genannt wird. In diesem Inzest leben wir alle – und an ihm werden wir alle schuldig. Ödipus bricht auf in die ichhafte, polare Welt, um sie zu erobern. Sogleich gelangt er an einen Scheideweg – die Welt der Polarität zwingt ihn, sich zu entscheiden, zwingt ihn, einseitig zu werden und damit schuldig. Hierbei tötet er den Vater, den wahren, von ihm unerkannten König, der ihm als Einheit nun buchstäblich im Wege steht.

Wer gerade dabei ist, den Weg in die Welt zu gehen, wer sein Ich entfalten und ein irdischer König werden will, kann keinen Gott gebrauchen, will von Religion nichts hören. Dies ist eine Feststellung, kein Vorwurf. Es ist der archetypische Weg des Menschen, der immer tiefer in Welt und Form und Ich und Schuld hineinführt, weil der Punkt der Umkehr (μετάνοια) nur am tiefsten Punkt, am Punkt der Ver-zwei-flung gefunden werden kann. Ödipus verwirklicht bei seiner Begegnung mit Laios an der Weggabelung das, was ich im Zusammenhang mit Prometheus als das »Geheimnis der Empörung« beschrieben und behandelt habe (veröffentlicht in: *Ausgewählte Texte*). In seiner Aggression erlebt Ödipus sich als Mann, der sich behaupten und durchsetzen kann. Er entwickelt sein Ich, das immer rück-sichts-los ist. (Der Gegenpol dazu ist die Rück-bindung und Rück-besinnung = religio.) Damit ist der Weg frei in die Welt, zur Macht und zur Frau.

Auf diesem Weg begegnet ihm die Sphinx. Sie ist ein urweibliches Wesen, ein Urbild der großen Göttin, der magna mater, die Gebärerin ist aller Formen, die ihre Kinder aber auch wieder zurückfordert, um sie zu verschlingen. Sie weiß um das Geheimnis des Lebens und des Menschseins, aber sie will das Geheimnis nicht preisgeben, denn im Geheimnis liegt ihre Macht. Diese Chimaire – selbst Kind eines Inzestes – verschlingt alle Söhne von Theben, d. h. sie verschlingt alle geistigen Impulse, die es nicht schaffen, sich so weit zu individuieren, daß sie das Geheimnis des Menschseins durchschauen. Die Sphinx ist der Drache, den wir aus dem Märchen kennen, der Drache, der besiegt werden müßte. Doch bei diesen Unternehmen verlieren bekanntlich viele hundert junge Männer ihr Leben. So auch in unserer Geschichte. Das Geheimnis der Sphinx ist ein Rätsel, das über Leben und Tod entscheidet. Es ist das Geheimnis der Natur, der Materie, der Mutter (mater – materia), der Erde (humus) und des Menschen (homo). Wer Mutter Erde das Geheimnis nicht entreißt und sie dadurch entmachtet, wird von ihr zurückgenommen, denn »von Erde bist du, zu Erde mußt du werden«. Dieses Geheimnis ist Inhalt aller Geheimlehren. Dieses Geheimnis macht den Menschen zum Drachentöter.

Das Rätsel der Sphinx lautet:

»Ein zweifüßiges gibt es auf Erden
und ein vierfüßiges –
mit dem gleichen Wort gerufen,
und auch dreifüßig.
Die Gestalt ändert es allein
von allen Lebewesen,
die sich auf Erden, in der Luft
und im Meere bewegen.
Schreitet es, sich auf die meisten
Füße stützend,
so ist die Schnelle seiner Glieder
am geringsten.«

Die Sphinx, als Hüterin der Schwelle, stellt also ein Initiationsrätsel, und Ödipus löst es, indem er antwortet:

»Den Menschen hast du gemeint,
der, da er kaum geboren,
noch auf der Erde herumkriecht,
zuerst vierfüßig ist.

Wenn er aber alt wird
und mit gekrümmtem Nacken
unter der Last des Greisentums
als dritten Fuß den Stock gebraucht,
dann ist er auch dreifüßig.«

(Zitiert nach Karl Kerény)

Das Rätsel entpuppt sich also als das Rätsel des Menschseins. Ödipus kann die richtige Antwort geben, aber er versteht sie nicht. Er versteht die Tiefe des Problems nicht, er erkennt nur die Oberfläche der Frage. Aus dieser Oberflächlichkeit heraus glaubt er auch, die Sphinx besiegt zu haben, glaubt er, die Gefahr überwunden zu haben, und wiegt sich in der trügerischen Sicherheit seiner intellektuellen Hybris. Er erkennt so nicht, daß die Sphinx in Wirklichkeit nicht verschwindet, sondern lediglich ihre Gestalt verwandelt und schon sehr bald als Königin Jokaste wieder auf ihn zukommt. Die wirkliche Lösung des Rätsels wird den Rest seines Lebens einnehmen.

Betrachten wir das Rätsel der Sphinx etwas genauer. Es gibt also ein Wesen, das sich von allen anderen Lebewesen dadurch unterscheidet, daß es die Anzahl der Beine wechselt, d. h. Metamorphosen durchläuft, die wir als Reifeschritte bezeichnen. Die verschiedene

Anzahl der Beine kennzeichnet verschiedene Standpunkte, mit denen wir im Leben stehen, kennzeichnet verschiedene Bewußtseinshaltungen, mit denen wir im Leben umgehen. Nun besitzen seit altersher die verschiedenen Zahlen neben ihrem numerisch quantitativen Wert auch eine qualitative Bedeutung, die man kennen muß, um den Sinngehalt des Rätsels zu verstehen.

Die Zahl 4 bezieht sich auf entfaltete Polarität (2 × 2) und steht für unsere materielle Welt, die Welt der vier Elemente. Gleichzeitig repräsentiert die 4 auch Ganzheit. So hat das tibetische Mandala vier Tore, das Jahr vier Jahreszeiten, die Erde vier Himmelsrichtungen. In der pythagoräischen Geheimlehre wurde die 4 unter dem Namen Tetraktys als Ursprung und Grundlage der Welt verehrt. Diese wenigen Hinweise sollen ausreichen, um zu verstehen, daß die Kindheitsphase des Menschen, in der er auf allen vieren sich fortbewegt, eine Bewußtseinslage bezeichnet, in der der Mensch voll umfangen ist von der materiellen Welt und sich mit ihr und damit auch mit seinem eigenen materiellen Körper identifiziert.

Diese Weltsicht ist in der Tat naiv und kindlich, daher aber auch heil. So wie das Kind in einer heilen Scheinwelt lebt, so lebt der Mensch, der ganz in der Identifikation mit der materiellen Welt steht, ebenfalls in einem schönen Trugbild. Er glaubt an die Machbarkeit aller Dinge und erlebt sich aufgrund seiner Unbewußtheit als geborgen. Die Signatur des auf allen vieren kriechenden Kindes zeigt überdeutlich diese Situation: Der Blick ist nach unten, auf den Boden, auf die Erde, auf die Materie gerichtet – der Blick ist ein-seitig, die Körperhaltung sicher und unbedroht. Solange ein Mensch in dieser Bewußtseinshaltung verstrickt ist, ist seine Entwicklungsgeschwindigkeit in der Tat am langsamsten. Ödipus durchläuft diese Phase der Kindheit bis zu dem Zeitpunkt, als er Korinth, die heile Scheinwelt seiner Kindheit, verläßt.

Die Welt der Zweiheit ist die Welt der Polarität und damit des Konfliktes. Wenn der Mensch sich aufrichtet, verliert seine Haltung Stabilität und Sicherheit. Er erkennt, daß es Erde *und* Himmel, unten *und* oben, Materie *und* Geist gibt. Der Mensch erfährt, was es heißt, sich entscheiden zu müssen, was es heißt, zwischen Gut und Böse, zwischen richtig und falsch wählen zu können. Der aufgerichtete Mensch erlebt die Ent-täuschung, daß die Welt gar nicht heil ist, sondern Polarität und damit Konflikt ihr Gesetz ist. Es ist die Phase der Ichhaftigkeit, aus der die Spaltung Ich-Nichtich genährt wird. Das Gehen auf zwei Beinen ist gefährlich, denn man kann stürzen. Das Leben mit einem Ich ist gefährlich, denn es fordert den Wider-sacher heraus. Die Aktivität des Handelns ist gefährlich, denn sie macht schuldig. In der Phase der Zweiheit erlebt der Mensch Aufstieg und Fall. In dieser Phase treiben die scheinbaren Gegensätze der Welt den Menschen bis in die tiefste Ver-zwei-flung, wo er begreifen lernt, daß er dazu berufen ist, die Gegensätze zu einen, statt zu entzweien. Ödipus betritt an der Weggabelung die Phase des Konfliktes und durchwandert sie bis zu seiner Blendung. Theben ist damit das geographische Symbol der »zweibeinigen« Entwicklungsstufe.

Die Zahl 3, geometrisch durch das Dreieck symbolisiert, ist die Zahl des Gleichgewichtes, der Balance. Der dritte Punkt vereinigt in sich die Spannung der Polarität und überwindet damit den Konflikt (vergleiche These, Antithese, Synthese). Die Zahl 3 ist Ausdruck der Vollkommenheit (dreimal darfst du raten, aller guten Dinge sind drei usw.) und damit auch Repräsentant des geistigen Prinzips (vergleiche das göttliche Auge im Dreieck, die Dreieinigkeit usw.).

Auf der Bildebene des Rätsels nimmt der Mensch einen Stab als Stütze hinzu, um Halt zu finden. Dieses dritte Bein, diese Stütze, ist die Geistigkeit, in der man die Gegensätze der polaren Welt einen kann. Innerhalb der Welt gibt es für die Konflikte der Welt keine Lösung, denn »der Krieg ist der Vater aller Dinge« (Heraklit). Es bedarf eines dritten Punktes, von dem aus das Wechselspiel der Gegensätze begriffen werden kann. Erst das Finden dieses dritten Punktes macht es möglich, die »Welt aus den Angeln zu heben« – doch dieser Punkt muß eben außerhalb der Welt liegen (Archimedes). Dieser dritte Punkt ist folglich die Entdeckung einer geistigen Welt bzw. einer Innenwelt.

So beginnt diese Phase der Dreiheit für Ödipus mit der Blendung der Augen. Indem er so seinen Blick von der äußerlichen Welt abzieht, lernt er, seine innere Welt zu entdecken und sich in ihr zurechtzufinden. Seine Tochter Antigone wird ihm zur äußeren Stütze, zum dritten Bein. Das zeigt aber auch, daß damit die Ichhaftigkeit der zweiten Phase überwunden ist, in der man alles nach eigenem Willen vollbringt, »wie *ich* es will«. Die Hybris der Ichhaftigkeit wird in der dritten Phase ausbalanciert durch Demut, durch das Eingeständnis der eigenen Schwäche und Ohnmacht. In dieser Zeit muß der Mensch sein inneres Gleichgewicht finden. Ödipus findet dieses Gleichgewicht und damit seine Erlösung in Kolonos.

Das ist das Rätsel, das ist das Geheimnis des menschlichen Weges. Wer diese Stationen nicht begreift und nicht durchläuft, kann kein Mensch im eigentlichen Sinne werden. Er ist buchstäblich »des Todes«. Der Mensch, der es nicht schafft, diese drei Entwicklungsschritte zu verwirklichen, ist nichts anderes als ein Tier, von Mutter Natur ins Dasein geworfen und dann wieder von ihr verschlungen. Die Sphinx, das weibliche Urchaos, das alles Leben entläßt, nimmt jeden Impuls wieder zurück in den Abgrund, dem es nicht gelingt, sich als geistig-männliches Bewußtsein zu individuieren. Nur wer den Drachen bezwingt, kann leben.

Ödipus löst also das Rätsel der Sphinx, doch rein intellektuell, rein oberflächlich, ohne die Verbindlichkeit und Tiefe der Problematik zu erfassen. Daß er aber überhaupt die Lösung finden kann, erweist ihn als einen, der berufen ist zum wahren Menschsein, zum wahren Königtum. Das allerdings erspart es ihm nicht, den ganzen Weg selbst zu gehen, zu durchleiden und damit zu verwirklichen. Der Weg des Menschen wird eben mit den »Beinen« gegangen, nicht gedacht und erspekuliert, und somit steht die ganze Bitternis des Weges noch vor ihm, während er als strahlender Held und Retter von Theben gefeiert und zum König gekrönt wird. Theben ist für Ödipus die äußere und damit trügerische Welt des Ichs. Er fühlt sich als Herrscher, als König, als weiser Rätsellöser und gibt sich ganz dem Rausch des Erfolges hin. Er strebt dem Höhepunkt (Mittag) seines Lebens entgegen, ohne sich bewußt zu werden, daß der Höhepunkt auch immer gleichzeitig der Beginn des Abstiegs ist. Das Ich spielt König, ohne an seine Sterblichkeit zu denken. Ödipus heiratet Jokaste, die Frau, das Weib, das – wie wir bereits gesehen haben – ein Symbol für Welt ist.

Gerade an einer solchen Stelle sollte klar sein, daß man hier nicht über Möglichkeit und Unmöglichkeit eines realen Inzestes nachzudenken braucht. Wir leben im Mythos. Der Inzest des Ödipus ist genauso zu behandeln wie die Figur der Sphinx. Auch hier braucht man keine zoologischen Recherchen anzustellen. Der Inzest ist ein Motiv, das in Mythologie und Alchemie völlig geläufig ist und dort den Namen »philosophischer Inzest« trägt. In der obersten Schicht der Bedeutung zeigt uns das Bild des Inzests, daß Ödipus mit Frau Welt eine Verbindung, »ein Verhältnis« eingeht; der Osten würde sagen: Purusha tanzt mit Prakriti. Das Ich verwickelt sich und zeugt Kinder, Früchte dieser Verwicklungen, Karmafrüchte. Unser Leben in der Welt und mit der Welt bleibt nicht ohne Konsequenzen.

Auf einer nächsten Bedeutungsebene zeigt uns der Mutterinzest auch einen Entwicklungsschritt des männlichen Bewußtseins in Bezug auf die große Mutter. Auch dieser Bezug zwischen Bewußtheit und Materie (Welt) läßt sich in drei Phasen zerlegen, analog der drei Phasen unseres Rätsels.

In der ersten Phase ist das weibliche Prinzip (Frau, Materie, Welt, Unbewußtes) dominant als mütterlicher Urgrund und Mutterschoß des Seins (Ödipus in Korinth). Jakob Böhme nennt in der »Morgenröte« »das Fleisch die Mutter des Geistes« (Jakob Böhme, *Aurora*, Kap. 21, 69).

In der zweiten Phase wird die Weiblichkeit zum Gegenüber, zum Partner und damit gleichrangig, aus der Mutter wird die Gattin. Dies bedeutet aber ein Erstarken des männlichen Bewußtseins und eine Abnahme der Dominanz des Unbewußten, des Weiblichen. In dieser zweiten Phase findet eine echte Auseinandersetzung statt, die solange unmöglich ist, solange das Weibliche als Mutter erlebt wird. Im »Begatten und Besteigen der Frau« liegt immer schon der Ansatz zur »Überwältigung«: »Wenn ich mich in den Armen meiner Mutter befinde und mit ihrer Substanz verbunden bin, beherrsche ich sie, gebiete ihr Einhalt und fixiere sie.« (*Die sieben Kapitel des Hermes*, Kap. IV)

Zur dritten Phase dieses Themas gehört die Ermordung des Drachens (Tod der Jokaste) und damit Befreiung vom verschlingenden Aspekt der großen Göttin. Dadurch wird der Weg frei, daß das Bewußtsein des Helden sich so weit zentriert und auskristallisiert, daß es sich gefahrlos und daher angstfrei dem Weiblichen hingeben kann. Dies erleben wir am Ende des

Lebens von Ödipus, wenn er in Kolonos den Hain der Eumeniden betritt.

Der Inzest gehört also zur zweiten Lebensphase, und damit ist er zwangsläufig mit Schuld verbunden. Schuld aber ist immer ein Unterpfand der Erkenntnis – und so »erkennt« Ödipus in Jokaste sein Weib – später seine Mutter und dabei seine Schuld. Damit der Inzest aber fruchtbar wird, bedarf es der Erkenntnis – mit anderen Worten: Unser Leben in der Welt ist solange unfruchtbar, solange wir die wahren Zusammenhänge nicht durchschauen. Solange wir aufgrund unserer Ichabsonderung unseren eigenen Schatten nach außen projizieren, sind wir in arger Verwirrung und erleben anstatt einer fruchtbaren Entwicklung nur eine furchtbare Welt. Dies ist die Situation des Ödipus, als Theben (seine nach außen projizierte Innenwelt) von der Pest geplagt wird und die Unfruchtbarkeit sich über das ganze Land verbreitet.

An dieser Stelle beginnt die Tragödie *König Ödipus* von Sophokles. Es erscheint mir bedeutsam, sich klarzumachen, daß die Tragödie genau an jenem Orte des Umschlags, also am Orte der Wandlung, ansetzt.

Stellen wir uns das vollständige Leben als Kreis vor, dann ist genau die erste Hälfte des Kreises verwirklicht, wenn die sophokleische Tragödie einsetzt. Die zweite Hälfte des Kreises dient ja nun dazu, die erste

Hälfte durch eine Gegenbewegung auszugleichen und dadurch »abzurunden«. Die erste Hälfte menschlichen Lebens dient stets der Ver-wicklung, die zweite der Ent-wicklung. Die Tragödie als kultisch-religiöses Ereignis und als Mittlerin der Geheimlehre, interessiert sich natürlich nur für die zweite Hälfte, interessiert sich nur für den Heimweg, für Erkenntnis und Entwicklung. In der ersten Hälfte des Lebens findet die Handlung (Drama) statt, die zweite Hälfte dient der Reflexion und der Bewußtwerdung (Tragödie). Deshalb gibt es in der Tragödie – wie wir schon besprochen haben – keine Handlung, sondern nur die Reflexion des bereits Geschehenen. Die Tragödie setzt das, was bisher geschehen ist, auch beim Zuschauer als bekannt voraus. Handeln ist einseitig und macht daher schuldig – die Reflexion und die Bewußtwerdung der Handlung balanciert diese Einseitigkeit aus und macht wieder ganz. Hierin liegt die reinigende Kraft der Tragödie begründet.

Wer diesen Zusammenhang durchschaut, sieht auch die Analogie der Tragödie zur Beichte und deren sündenüberwindende Kraft.

Wir haben bereits gesehen, daß die drei Städte Korinth, Theben, Kolonos den drei Lebens- und Bewußtseinsphasen des Ödipus entsprechen, analog der Vier-, Zwei- und Dreibeinigkeit im Sphinxrätsel.

Damit sind die geographischen Orte in Wirklichkeit Bewußtseinsorte oder anders ausgedrückt: »Der König und sein Land sind eins.« (König Artus)

Diese Identität von Mensch und Umwelt will ich hier aber nicht so sehr als einen »literarischen Kunstgriff« verstanden wissen, sondern es gilt dieser Zusammenhang für jeden Menschen immer und überall. Alles, was der Mensch als Außen bzw. als Umwelt erlebt, ist eine Spiegelung des eigenen Bewußtseins. Doch ebenso wie wir unser Spiegelbild im Außen als uns gegenüber wahrnehmen und allein durch einen Bewußtseinsschritt als unser eigenes Bild interpretieren können, erleben wir die uns zum größten Teil unbewußten Bereiche unserer Seele als Außenwelt. Auch hier kommt es darauf an, ob der Mensch den Bewußtseinsschritt vollzieht, die Projektion zurückzunehmen und damit die Verantwortung dafür zu übernehmen, was scheinbar von außen auf einen zukommt. Wir dürfen bei dem Problem: Innen-Außen, Ich und Umwelt nie außer acht lassen, daß die Existenz einer Umwelt allein darauf beruht, daß ein »Ich« entwickelt wurde, das uns aus dem »Alles« ausgrenzt und so erst die Polarität: »Ich-Nichtich« entstehen läßt. In einem Satz: Die Welt ist außen, weil wir zu ihr nicht »ich« sagen (vgl. mein Buch *Schicksal als Chance*).

Theben stöhnt unter der Pest, Tier und Mensch

sind unfruchtbar, das Volk setzt seine Hoffnung auf König Ödipus:

»Komm, Bester du der Sterblichen!
Richt wieder auf die Stadt!
Komm, sieh dich vor:
Es nennt dich heut dies Land den Retter,
deines früheren Eifers wegen.«

(Zitiert nach Wolfgang Schadewaldt)

Wir sehen in diesem Bild, wie alle Bewußtseinsinhalte auf das Ich, den bisherigen Herrscher, zentriert sind und allein von ihm Rettung erwarten. Doch das Ich ist etwas ratlos und wendet sich in seiner Not der Gottheit zu. Diese zeigt die Ursache des Übels, den Weg zur Überwindung der Not:

Kreon: »So höret, was Apoll uns klar befahl:
Befleckung dieses Bodens, die das Land
Sich selbst erschuf
und schier unheilbar nähret,
Muß unverzüglich ausgerottet sein.«
Ödipus: »Durch welche Sühnung? Woher kam der Fluch?«
Kreon: »Hier hilft nur Tötung oder Acht und Bann,

Weil Blutschuld diesen Sturm heraufbeschwor.«

Ödipus: »Und welchen Mannes Schicksal ist gemeint?«

Kreon: »Des Laios: er herrschte hier im Land,
Bevor du seine Zügel übernahmst.«*

Hier wird nun der Zusammenhang klar ausgesprochen, von dem wir eingangs sprachen. Laios ist der Vater-Gott, jene Einheit des Seins, die wir in psychologischer Sprache auch das Selbst nennen. Wem diese Unterscheidung zwischen Ich und Selbst, die im Westen vor allem durch C. G. Jung bekannt wurde, nicht geläufig ist, mag sich an die Kurzformel halten: Selbst ist Einheit, ist Gott in uns, während das Ich die Polarität, die Spaltung bzw. das abgrenzende Prinzip ist. In allen Mythologien, Geschichten und Legenden, in denen wir von einem falschen und einem wahren König erfahren, meint dies stets die Unterscheidung von Ich und Selbst, wobei das Ich immer als der »falsche König« bezeichnet wird (vergleiche z. B. Herodes und Jesus, Nimrod und Abraham usw.).

Der Mensch, der in die Polarität der Welt eintaucht, verliert den Zugang zur Einheit, zum Vater, er tötet mit der Ich-Entwicklung sein Selbst. Das Ich beginnt

* Wenn nicht anders vermerkt, wurde nach der Übersetzung von Ernst Buschor zitiert.

dann die Rolle des Selbstes zu übernehmen und entwickelt dabei einen Omnipotenzanspruch, weil es dem Selbst gleichen will. Das Problem, welches das Ich hierbei übersieht, ist nur, daß das Selbst aufgrund seiner Einheit omnipotent ist, ohne jedes Dazutun oder Anstrengung, während das Ich niemals Omnipotenz erreichen kann, da es als etwas Polares endlich und begrenzt ist und bleiben muß. In der Tiefe hat das Ich darum auch immer Angst, von der wir in vielen Geschichten hören, in denen der falsche König die Geburt eines wahren Königs geweissagt bekommt, worauf meist die Ermordung der Neugeborenen einsetzt. Der Erfolg des Ichs ist also immer zeitlich begrenzt und dessen Größenphantasien zum Scheitern verurteilt.

Apollon spricht diese Zusammenhänge klar aus, wenn er von der Befleckung spricht, die das Land sich selbst erschuf und schier unheilbar nährt und dann Laios nennt, der im Lande herrschte, bevor Ödipus die Macht übernahm.

Obwohl bereits hier alles klar gesagt ist, kann und will das Ich den Zusammenhang natürlich nicht sehen, es glaubt an das Außen und sucht deshalb auch die Schuld im Außen. Es glaubt an seine eigene Macht – »Nun denn! Von Grund auf werde *ich* es abermals aufklären!«

Hier beginnt nun die tragische Ironie, die allein

durch das Phänomen der Projektion zustandekommt. Der Schatten zwingt den Menschen, sich in eine Richtung zu bewegen, die zur Schattenintegration und damit zur Heilwerdung führt. Das Ich stellt sich mutig in den Dienst der Selbsterkenntnis, ohne jedoch zu durchschauen, daß die Erkenntnis des Selbstes den Tod des Ichs bedeutet. Dadurch, daß das Ich das Problem (den eigenen Schatten) nach außen projiziert, fühlt es sich sicher und unbedroht. So setzen sich heutzutage in unserer ichhaften Kultur die Menschen lautstark für Weltverbesserungsideen ein, ohne dabei im geringsten zu bemerken, daß sie dabei immer nur von ihrer eigenen inneren Not sprechen. So erhofft man die Lösung der Weltprobleme von außen und vermeidet peinlichst, die Projektionen zurückzunehmen, um nicht das Übel in sich selbst entdecken zu müssen. In Teiresias, dem blinden Seher (die Paradoxie von »blind« und »Seher« zeigt, daß er die Polarität geeint und damit Ein-sicht gewonnen hat) begegnet nun Ödipus dem alten Weisen, der die Umwandlung des Blickes (μετάνοια) einzuleiten versucht. Die Wahrheit klingt für das Ich aber so absurd, so unmöglich, daß Ödipus in der tiefsten Überzeugung von der Richtigkeit seiner eigenen subjektiven Wahrnehmung sich von dieser Wahrheit angegriffen und bösartig verleumdet fühlt. Und wieder projiziert er nach außen und beschuldigt Teiresias und Kreon der bösartigsten Verleumdung.

Es ist immer die gleiche Situation: Sagt man einem Patienten die Wahrheit über sein Kranksein ins Gesicht, wird er böse und fühlt sich mißverstanden. Sagt man einem Menschen die Wahrheit über die Probleme der Welt, unter denen sie leiden, so lachen oder schimpfen sie, weil ihnen die Wahrheit absurd und wie Lüge oder Phantasie erscheint. So antwortet Ödipus, der noch eben in großen und gewaltigen Worten sich verpflichtete, den Mörder zu finden, dem Teiresias, als dieser die Wahrheit ausspricht: »Sprich, was du willst, ich streu es in den Wind!«

Ödipus' unerlöste Männlichkeit ergießt sich als übermäßiger Zorn, der nur durch die Begegnung mit seinem Weib wieder gemildert wird. Jokaste, das weibliche, mütterliche, weltliche Prinzip, ist immer an der Unterstützung des Ichs interessiert, denn Ich und Welt gehören genauso zwingend zusammen wie Selbst und Gott. Die Welt ist an der Wahrheit nicht interessiert, denn sie lebt von der Lüge und der Täuschung (vergleiche im Osten Welt als Maya).

Jokaste beginnt hier mit dem Versuch, den sie bis zum bitteren Ende nicht aufgeben wird, die Aufdekkung der Wahrheit zu vereiteln und damit den Thron des Ichs zu stützen. Sie versucht – ihrem Prinzip entsprechend – Bewußtwerdung zu verhindern. Doch ihre als Beruhigung gemeinten Worte haben eine unbeabsichtigte gegenteilige Wirkung. Sie beunruhigen Ödipus, der, einmal mit der Wahrheit in Kontakt gekommen, nun keine Ruhe mehr finden kann. Deshalb entschließt er sich, den Weg der Selbsterkenntnis zu gehen und die Wahrheit zu suchen, sei diese für ihn auch noch so schmerzlich.

Hier geschieht nun die Umkehr (griech. μετάνοια), die Teiresias eingeleitet hat. Hier beginnt der Heimweg des Ödipus, des Verlorenen Sohnes. Die Außenorientierung nimmt ab und macht Platz für einen Innenweg, für die Entdeckung der eigenen Wahrheit, der eigenen Schuld und der Frage, wer er in Wirklichkeit ist. Hier beginnt der Mensch, seine bisherigen Identifikationen in Frage zu stellen, seine Schuldprojektionen in die Umwelt allmählich zurückzunehmen und somit Vielwisserei in Ein-sicht zu wandeln. Der, der sich in hybrider Überschätzung selbst als Rätsellöser bezeichnete, beginnt nun widerstrebend die vielen Knoten seiner Seele zu lösen, um sich so zu erlösen. Er lernt zu begreifen, daß es für den Menschen kein größeres Rätsel gibt als ihn selbst. Stufe für Stufe wächst er in seine eigene Wahrheit hinein. Obwohl Teiresias ihm am Anfang bereits alles gesagt hat, was es für ihn zu wissen gibt, braucht Ödipus selbst doch noch viel Zeit, um schrittweise diese Wahrheit als *seine* Wahrheit zu begreifen. Es nützt ihm nichts, es nur von außen gehört zu haben. Er muß buchstäblich hineinwachsen in die Erkenntnis, in sein Selbst.

Es gehört zur Größe der Tragödie, daß für den Zuschauer von Anfang an alles bekannt ist und somit jegliche Spannung, die aus einer Handlung entstehen könnte, gänzlich wegfällt. Daß der Zuschauer dennoch bis zum Ende unter Spannung steht, ist wohl Ausdruck der Betroffenheit, zu erleben, wie mühsam und hart es ist, eine äußere Wahrheit sich zu eigen zu machen, wie mühsam es ist, sein Bewußtsein so weit zu öffnen, daß man sich selbst ertragen kann. Was auch immer in dieser Welt geschehen mag, ist völlig unbedeutsam – es sei denn, man durchschaut die Bedeutung. Deshalb ist das Drama unbedeutsam, es zeigt nur Handlung. Bedeutsam ist die Tragödie, denn sie reflektiert die Bedeutung und erlöst damit die Welt und den Menschen aus seiner Bedeutungslosigkeit. Darum kann Hölderlin sagen:

> »Viele versuchten umsonst,
> das Freudigste freudig zu sagen,
> hier spricht endlich es mir,
> hier, in der Trauer, sich aus.«

Der Mensch ist nicht dazu aufgerufen, die Welt zu verändern, sondern dazu, sie zu durchschauen. Dies will man nicht gern akzeptieren, denn verändern heißt handeln, und Handeln ist immer nach außen gerichtet und stützt damit die Projektionen. Die Aufforderung, die Welt zu durchschauen, ist viel gefährlicher, denn sie zerstört zwangsläufig alle Projektionen und zwingt zu der Einsicht, daß man mit der Welt identisch ist und alle Probleme der Welt immer in einem selbst liegen.

Durchschau und Einsicht ist also das Ziel, nicht Veränderung. Ödipus muß sich nicht ändern, er muß sich »nur« erkennen. Damit verändert sich für ihn selbst alles. Deshalb kennt die Tragödie auch keinen moralischen Unterton. Sie will den Menschen nicht zu irgendeiner Norm hin erziehen, sie zeigt ihm vielmehr sein Geheimnis und hilft ihm dadurch, sich zu durchschauen.

In diesem Zusammenhang ist es auch bedeutsam, zu beachten, daß in dem Moment, wo Ödipus seine Verwicklung mit der Welt – seinen Inzest mit Jokaste – wirklich durchschaut und deshalb entschlossen ist, Jokaste zu töten und damit auf »Frau Welt« zu verzichten, die Welt sich von selbst von ihm zurückzieht. Welt lebt von der Unbewußtheit, Bewußtheit vernichtet sie, wie Licht das Dunkel vertreibt. Auch sollte man die Ähnlichkeit zwischen der Sphinx und Jokaste an dieser Stelle nicht übersehen. Als Ödipus das Rätsel löste, fühlte sich die Sphinx entmachtet und sprang in den Abgrund – tauchte also ins Unbewußte unter, um in neuer Gestalt, als Jokaste, dem Ödipus erneut das gleiche Rätsel noch einmal und verbindlicher vorzulegen. Als Ödipus nun auch Jokaste durchschaut und damit das Rätsel endgültig löst, tötet sich Jokaste selbst, denn ihre Macht ist nun endgültig gebrochen.

So antwortet auch im Stück der Diener auf die Frage, durch wessen Schuld Jokaste umkam: »Sie selber durch sich selbst.«

Ödipus selbst sticht sich die Augen aus. Dieses »sich blenden« gehört zu einem Themenkreis, der eine zentrale Rolle im ganzen Ödipus-Mythos einnimmt: sehen, schauen, durchschauen, blind sein. Sophokles spielt ständig mit diesen Begriffen – auch sprachlich, indem er im Griechischen sehr unterschiedliche Worte für das Sehen verwendet. Teiresias, der Seher, ist blind, doch gleichzeitig der einzige, der das Problem durchschaut und die Wahrheit sieht. Ödipus kann sehen, aber ist doch blind für sich. Ständig oszilliert die Bedeutung der Worte »blind« und »sehend« zwischen der äußerlichen körperlichen Ebene und den inneren Bewußtseinsebenen. Es gibt eben ein äußeres und ein inneres Sehen, wie es eine äußere und eine innere Wahrheit gibt, ein äußeres und ein inneres Königtum. Der Weg von den vier Beinen zu den drei Beinen macht auch vor dem Sehen nicht halt. Ödipus muß seine Augen für die materielle Außenwelt (4) schließen, um die geistige Innenwelt (3) sehen zu lernen. Er muß in allen Bereichen umpolen, wenn er den Heimweg zu sich selbst antreten und schauen lernen will. Das prophezeit ihm schon Teiresias, wenn er im Weggang spricht.

»Sehender wird blind,
der reiche Mann wird arm,
sein Bettelstab ertastet sich den Weg
durchs fremde Land.«

Ödipus muß sein Königreich Theben verlassen, denn Theben haben wir als die Stätte des äußeren Königtums, des Ichs, kennengelernt. Die Selbsterkenntnis hat ihn für Theben zum Fremden gemacht, er hat sich selbst durch seinen eigenen Fluch und seinen eigenen Eid, die Wahrheit finden zu wollen, aus dieser Stadt vertrieben. Er vertreibt sich aus der Welt der Zweiheit, um nun erneut ein Suchender, ein Wanderer, zu werden, diesmal ins Land der Dreiheit, der inneren geistigen Wahrheit. An dieser Stelle endet die Tragödie *König Ödipus*.

Allzu häufig versuchte man, die Gestalt des Ödipus allein aus dieser Tragödie heraus zu verstehen, was leicht zu dem Eindruck führen kann, daß Ödipus unerlöst endet. Dies ist natürlich überhaupt nicht der Fall und vom inneren Auftrag der Tragödie her auch gar nicht zu erwarten. Man kann auch Faust nicht aus dem ersten Teil der Goetheschen Fassung heraus verstehen. So ist es absolut notwendig, die Tragödie *Ödipus auf Kolonos* in jede Ödipus-Betrachtung mit einzubeziehen, um den Weg des Menschen klar zu verstehen. Dies ergibt sich ja bereits zwingend aus dem Aufbau des Sphinx-Rätsels, das den Weg in drei Stationen gliedert. Demgemäß gliedert sich auch der Weg des Ödipus, der sich in den drei Orten Korinth – Theben – Kolonos kristallisiert.

VI

ÖDIPUS AUF KOLONOS

»Wer da ein Herz hat,
Der werfe das Auge weg,
Dann wird er schauen.«

Hussain al-Halladsch

Ödipus auf Kolonos ist die letzte Tragödie, die der nunmehr neunzigjährige Sophokles kurz vor seinem Tode schrieb – zwanzig Jahre nach dem *König Ödipus*. Es ist zu erwarten, daß in dieses letzte Werk auch die ganze Weisheit des langen und großen Lebens des Sophokles einfließt. Selbst dem Grabe nahe, weiß er offensichtlich um die letzten Schritte, die notwendig sind, um so zu sterben, daß man zum Segen für die Nachwelt wird.

Für Ödipus ist eine lange Zeit des Wanderns verstrichen, wenn wir ihn zu Anfang des Stückes wiedersehen, am Arm seiner Tochter Antigone.

In dieser Zeit hat sich in ihm offensichtlich viel gewandelt. Das spüren wir in den ersten Sätzen, wenn er sich einen »Bettler« nennt:

> »der wenig heischt, noch weniger empfängt
> und mit dem wenigen *zufrieden* ist.
> Ihn lehrt sein Leid,
> ihn lehrt die lange Zeit
> und nicht zuletzt der königliche Sinn.«

Hier ist nun bereits alle ichhafte Hybris völlig von ihm abgefallen. Er weiß, daß er ein Bettler ist und ist – und das ist das wichtigste – damit zufrieden. Er hat also seinen inneren Frieden gefunden. Vom äußeren Königtum ist allein der königliche Sinn geblieben, der durch den Bettler nicht gefährdet, sondern bereichert wird. Der Mensch ist immer beides, König und Bettler, und er ist einseitig und unheil, solange er nicht beides in sich entdeckt und verwirklicht hat. Der Mensch ist zum Königtum berufen, zum Herrscher über sich selbst, und er ist gleichzeitig ein Bettler, der davon leben muß, was das Schicksal ihm zuteilt. Seine Sehnsucht geht nach heiligen Hainen, nach dem Sitz eines Gottes. Als Bettler hat er seine wahre Bedürftigkeit entdeckt, weiß er, was ihm zum Heil und zum Glück fehlt, denn »der Mensch lebt nicht vom Brot allein«.

Betrachten wir für einen Augenblick die neue weibliche Gestalt, die ihm zur Führerin, zum dritten Bein, geworden ist, Antigone. Der Weg des Ödipus ist natürlich gleichzeitig der Weg durch die Metamorphosen seines Weiblichkeitsbildes. Man vergesse in diesem Zusammenhang nie, daß im Mythos der Mann immer für Bewußtsein und die Frau für Unbewußtes, Form und Welt steht. Deshalb berichtet uns der Mythos immer von männlichen Helden und ihren

Auseinandersetzungen mit dem weiblichen Prinzip. Diese Symbolik bezieht sich überhaupt nicht auf den konkreten Mann oder die konkrete Frau. Ödipus ist der Mensch, und sein Weg ist der Weg des Menschen und somit immer für jeden gültig, sei er nun biologisch Mann oder Frau. Die Metamorphosen des Weiblichkeitsbildes sind damit die Metamorphosen eines Weltbildes, und das ist hier nicht historisch, sondern psychisch gemeint.

Mag unsere heutige Gesellschaftsstruktur noch so patriarchal sein, so ist unser heutiges Weltbild sehr matriarchal und kompensiert damit die äußere sichtbare männliche Ordnung. Denn ein materialistisches Weltbild ist immer dem weiblich-mütterlichen Prinzip verhaftet (mater – materia). Dieses entspricht auch ganz der Kindlichkeit unserer Kultur, von der wir eingangs sprachen. Unsere Kultur ist daher noch in Korinth, und es wird noch Zeit brauchen, bis wir Kolonos erreichen. Die Entwicklungsstufen sind jedoch immer die gleichen, unabhängig davon, ob wir ein Individuum oder ein Kollektiv betrachten.

Zur vierbeinigen Kindheitsphase des Ödipus gehörte also das Weiblichkeitsbild der fürsorglichen Mutter (Merope) als Ausdruck einer nährenden, schützenden, heilen Welt. Auf dem Weg nach Theben, der Welt der Polarität und des Konfliktes, begegnet ihm der verschlingende Mutteraspekt in Gestalt der Sphinx. In Jokaste erlebt Ödipus nun die Weiblichkeit in ihrer Zwiespältigkeit, als Mutter und Gattin, als erhöhend und stürzend – denn durch sie wird er König und verliert er das Königtum. In Jokaste erlebt er die sorgende Gattin und die Mutter, die es zuließ, daß er als Kind dem Tode überantwortet wurde.

Der zweibeinigen Phase des Konfliktes entsprechend, entpuppt sich die Weiblichkeit als sehr ambivalent, als zeugend und tötend, als helfend und zerstörend, als anziehend und abstoßend. Es ist die Ambivalenz dieser Welt, deren Kinder wir sind und die wir gleichzeitig überwinden müssen, die uns Heimat und Gefängnis ist, Segen und Fluch. Wir müssen lernen, beides in ihr zu sehen. Dies ist nicht ganz leicht, weshalb auch die meisten Menschen sich ganz dem einen oder dem anderen Aspekt verschreiben und den dazu polaren nicht an ihr Bewußtsein heranlassen.

Auch Ödipus erschrickt, als er den dunklen, verschlingenden Aspekt gewahr wird. Doch er unterliegt nicht, sondern kann seine Bewußtheit vor der Gefahr des Verschlungenwerdens vom Chaos retten.

In der dreibeinigen Welt von Kolonos finden wir nun ein Weiblichkeitsbild, das ganz der Erlöstheit dieser dritten Phase entspricht: Antigone. Sie sorgt für Ödipus und stützt ihn, ohne Mutter zu sein, sie liebt ihn, ohne Gegenstand der Begierde zu sein. So vereinigt sie in sich die Aspekte des Weiblichen und wird Ödipus zur echten Führerin, zur Anima, die das Männliche nicht bedroht, sondern ihm die nötigen Impulse gibt, sich selbst zu finden. Das männliche Bewußtsein ist ja immer auf die leitende Kraft des Weiblichen, des Unbewußten, angewiesen, so wie unser Bewußtsein den Körper und die Welt braucht, um sich entwickeln zu können. Antigone hat keine Ansprüche mehr an Ödipus, weil Ödipus sowohl die kindlichen Erwartungen an die Mutter als auch die Angst vor der Frau überwunden hat. Wer von der Welt nichts mehr erwartet und keine Angst mehr vor ihr hat, dem wird Frau Welt zur Führerin in den Himmel, zur »Mittlerin aller Gnaden«, wie die Mutter Maria im Katholizismus genannt wird. In Antigone wurde Jokaste erlöst.

Wir haben davon gesprochen, daß der Inzest einen Schritt repräsentiert, aus der Unterlegenheit der Mutter gegenüber herauszuwachsen, indem sie zur Gattin gewandelt wird. Aus Abhängigkeit wird ein eher gleichberechtigtes Gegenüber. Antigone zeigt uns als Tochter des Ödipus jenen dritten Schritt an, durch den das Männliche über dem Weiblichen steht, Bewußtsein also seine Dominanz über die Materie einnimmt. Der Mensch beginnt seinen Weg als »Kind« der Welt und endet ihn als »Vater« oder als »König«

der Welt. In der christlichen Ikonographie sehen wir diesen Weg zwischen dem Christkind im Arm Mariens und dem Auferstandenen, der die Welt überwunden hat. Dazwischen wird der Mensch allerdings gekreuzigt an den beiden Balken der Polarität.

Das neue Weiblichkeitsbild, das wir bisher in der Tochter Antigone erkannten, wird aber noch deutlicher weitergeführt durch den Ort, den Ödipus »unwissentlich« erreicht hat und auf den er sich niederläßt und wo er bleiben will.

Der Koloner bezeichnet den Ort auf die Frage des Ödipus als

> »Furchtbarer Götter unnahbarer Hain:
> die Töchter sind's der Erde und der Nacht.
> Als Gnadenreiche mit dem hellen Blick
> ruft man sie hier, und nur in dieser Stadt.«

Und Ödipus entgegnet:

> »So mög ich ihrem Schutz befohlen sein,
> und keiner scheide mich von diesem Sitz!
> Dies Heiligtum ist meiner Leiden Ziel!«

Ödipus hat also einen Ort betreten, der weiblichen Gottheiten geweiht ist, die als *Töchter* der Erde und der Nacht bezeichnet werden und die unter dem

Namen Erinnyen bekannt sind. Es sind Rachegottheiten, die jedoch durch Apollon und Athene an diesem speziellen Ort versöhnt wurden und deshalb »nur in dieser Stadt« die Gnadenreichen oder Wohlwollenden (Eumeniden) genannt werden. In diesem Bericht spiegelt sich also die Wandlung des Ödipus dem Weiblichen gegenüber. Aus den »Rachegeistern« wurden die »wohlwollenden Töchter« (Erinnyen – Eumeniden). In ihren Schutz begibt sich Ödipus, so wie er sich der Führung seiner Tochter Antigone anvertraut, und bezeichnet dieses Heiligtum als seiner Leiden Ziel.

Das Ziel ist immer Heilwerdung im Sinne der Ganzwerdung und Vollkommenheit. So sprechen alle Religionen von einem Heilsweg. Das Ziel des Menschen ist die »Dreibeinigkeit«, wo die Wunde der Spaltung durch ein Drittes geeint, vereint und so geheilt wird. Wie »heil« dieser Ort ist, hören wir in der weiteren Beschreibung:

> »Der ganze Ort ist heilig.
> Drüben herrscht die Macht Poseidons,
> dort der Feuergott, Titan, Prometheus.«

An diesem Ort einigen also die Eumeniden (Luftelement) die beiden feindlichen Gegenpole Feuer (Prometheus) und Wasser (Poseidon).

Der heilige Hain ist ein Ort des Gleichgewichtes. In

einem Gebet wendet sich dann Ödipus an »die ehrwürdigen Frauen mit dem hellen Blick« und beruft sich hierin auf Apoll, der ihm als »langer Jahre späte Rast ein gastlich Dach am Sitz der hochverehrten Frauen« verhieß. Diese vertrauensvolle Hingabe an das weibliche Element erfährt am Ende der Tragödie auf einer dritten Ebene ihre vollständige Erfüllung, wenn Mutter Erde sich dem Ödipus auftut und »ihn sanft in ihren Schoß aufnimmt«.

Doch bevor dies geschehen kann, muß Ödipus noch die letzten Bindungen an die Welt, die er noch unbewußt festhält, abschneiden. Diese noch letzten Bindungen und heimlichen Ich-Ansprüche werden durch Kreon und die beiden Söhne Eteokles und Polyneikes repräsentiert, männliche Kräfte also, die in Theben geblieben sind und deren Denken und Handeln sich um den Thron in Theben drehen. Für unser Verständnis ist es gleichgültig, ob wir in diesen Personen Personifikationen innerer Kräfte des Ödipus erblicken wollen oder sie als äußere Spiegelungen unbewußter Wünsche verstehen. Auf jeden Fall geht es darum, daß Ödipus das Thema Theben noch nicht so vollständig bewältigt hat, wie er selbst glaubt und äußerlich zeigt. Es existieren in ihm noch Fäden, die ihn an die Welt binden, durch die er noch verwickelt ist und die noch durchschnitten werden müssen, will er ganz frei werden. Kreon ist in diesem Sinne der

»Fürst dieser Welt«, der Ichmacher, der mit süßen schmeichelnden Worten versucht, Ödipus zurückzuholen, er ist der Versucher, der die Vorteile dieser Welt vorgaukelt, jedoch blitzschnell sehr böse und hart wird, wenn die listigen Worte durchschaut werden. So sagt Ödipus zu Kreon: »Doch du, du falscher Richter, baust aus Gut und Schlecht dir deine schönen Reden auf.« Kreon arbeitet zwangsläufig mit den Waffen *seiner* Welt, Theben, und diese Welt ist polar und damit wertend. In der polaren Welt wird Schuld projiziert. Darauf beziehen sich die Worte des Ödipus:

»Du freche Seele schmähst hier alten Mann,
zielst zwar auf mich,
doch triffst du nur dich selbst,
wenn du mir Morde, Ehen, Unglückslos
entgegenschleuderst.«

Dem dunklen Aspekt des unerlösten Ichs steht als heller Widerpart Theseus gegenüber, das »wahre Ich«, das Selbst, das allein fähig ist, der Versuchung zu widerstehen. Theseus war es ja gelungen, aus dem kretischen Labyrinth, in dem er Minotaurus bezwang, wieder herauszufinden. Jener, der die Irrwege dieser Welt hinter sich hat, kann auch Ödipus helfen, diese zu überwinden. Da Theseus nicht zur polaren Welt von Theben gehört, ist er auch frei von Wertung;

er begegnet als wissender Mensch dem Ödipus, als einer, der um das Geheimnis des Schicksals weiß und die Spaltung von Gut und Böse überwunden hat. So sagt Theseus:

»Ich weiß: ich bin ein Mensch,
es macht vielleicht der nächste Tag
schon unsere Lose gleich.«

»Dies kurze Wort hat deinen Adel ganz enthüllt«, antwortet Ödipus treffend. Ödipus vertraut sich dem Theseus ganz an, gibt sich ganz in dessen Hand, welcher dadurch zum Seelenführer, zum Hermes Psychopompos wird, der ihn bis nahe an die Schwelle des Jenseits führen wird.

So wie der Figur des Kreon Theseus gegenübersteht, so stehen den beiden Töchtern des Ödipus, Ismene und Antigone, dessen beide Söhne Eteokles und Polyneikes gegenüber. Wir erblicken als Struktur dieser Tragödie also ein Hexagramm, das aus dem Dreieck Kreon, Eteokles und Polyneikes und dem gegenpolaren Dreieck Theseus, Antigone und Ismene gebildet wird. Dieses Strukturbild mag uns vielleicht helfen, jene unverzeihliche Haltung richtig zu verstehen, die er bei der Begegnung mit seinem Sohn Polyneikes zeigt. Viele Menschen haben wohl mit dieser Szene große Verständnisschwierigkeiten, da man hier häufig einen Ödipus erwartet, der, durch seine Blindheit gereift, nun weise, mild und versöhnlich erscheinen sollte. Ganz entgegen dieser Erwartung erlebt man stattdessen einen Vater, der in der Härte seiner Worte und dem Ausmaß seiner todbringenden Flüche kaum noch steigerungsfähig ist. Noch mehr erstaunt ist man dann, daß übergangslos nach der Verfluchung seiner Söhne jene großartige Sterbeszene folgt, in der Ödipus vom Gotte persönlich gerufen wird.

Das skizzierte Problem läßt sich nicht dadurch lösen, daß man auf den Jähzorn des Ödipus verweist, der ihn eben bis zum Lebensende kennzeichnet, und daß er trotz aller Schwächen eben dennoch gnädig in den Hades aufgenommen wurde. Man muß bedenken, daß die Begegnung mit Polyneikes neben der Begegnung mit Kreon, die gleichfalls mit einer Verfluchung endet, eine Hauptszene der ganzen Tragödie darstellt, deren Sinn sich niemals darin erschöpfen kann, den unverbesserlichen Zorn eines alten Mannes zu zeigen.

Nun ist das Motiv, daß der Held kurz vor seinem Ziel noch bestimmte Personen ermorden muß, im Mythos nicht selten. Um den Sinn dieses Motivs zu begreifen, müssen wir auch hier den Vater-Sohn- bzw. den Vater-Tochter-Bezug aus unseren sentimental-bürgerlichen Assoziationen herauslösen. Ödipus zeugte diese »Kinder« mit Jokaste, die wir als »Frau Welt« bezeichneten. Die daraus entstandenen Kinder sind somit die »Früchte«, welche aus den Beziehungen und Verwicklungen entstanden, die Ödipus mit der polaren Welt einging. Was immer der Mensch mit seinem Ich in der Welt tut, hat Konsequenzen, trägt Früchte, die dann heranwachsen und immer eigenständiger werden. Was immer diese »Kinder« dann tun, der Urheber, der Vater trägt dafür die Verantwortung. Der Osten spricht in diesem Zusammenhang deshalb auch von »Karmafrüchten«, die der Mensch gezwungen ist, wieder aufzuessen, soll sein Weg frei werden. Es geht bei den Kindern schlicht um die Verantwortung, die Ödipus für sein Tun in Theben trägt. Es genügt eben nicht, wie viele glauben, sich zu ändern, die Welt zu verlassen, um so in den Himmel zu kommen (Askese). Was in der östlichen Bildsprache das Aufessen – und damit Vernichten – der Karmafrüchte ist, ist in unserer Tragödie die Vernichtung der Söhne durch den Fluch des Vaters. Täte er es nicht, könnte er nicht frei werden, da sich sonst das Unheil fortpflanzen würde.

Die Worte des Polyneikes klingen lieb und nett und mitleiderregend, doch bei genauem Hinhören wird sehr deutlich, wie ichhaft die Wünsche des Polyneikes sind. Es geht ihm allein um den Thron von Theben und daneben nur deshalb um den Vater, weil ein

Orakel prophezeihte, daß er den Thron ohne den Vater nicht erreichen wird. Psychologisch können wir formulieren, daß das Ich, das in seinem Größenwahn anfänglich glaubte, allein regieren zu können, irgendwann einmal bemerkt, daß es ohne das Selbst nicht existieren kann. Das Ich lebt ja vom Licht des Selbstes wie der Mond vom Licht der Sonne lebt. Auf einmal bemüht sich das Ich um das Selbst, aber nicht, um selbst abzudanken, sondern um durch das Selbst weiterherrschen zu können (»Ich bin verloren, wenn du dich versagst«). Die Liebe zum Vater führt den Sohn nicht in die Heimatlosigkeit, sondern der Sohn braucht den Vater für seine eigene Macht. Ödipus durchschaut diese Situation, die für ihn ansonsten sehr gefährlich werden könnte, und es bleibt ihm deshalb gar nichts anderes übrig, als durch einen Fluch beide Söhne zu töten.

Seine »Töchter« sind zwar ebenfalls Karmafrüchte, doch sie repräsentieren jene, die bereit sind, sich in den Dienst des Weges, sich in den Dienst der Individuation zu stellen. Diese müssen nicht vernichtet werden, denn sie stellen sich dem Selbst nicht in den Weg; sie waren bereit, mit dem »Vater« Theben zu verlassen, mit ihm seinen Weg zu gehen. Das meint hier die symbolische Unterscheidung zwischen Söhnen und Töchtern. Diese männlichen Früchte haben eigene Aktivität entwickelt, stellten sich gegen den Vater, um eigene Macht zu entwickeln, während die weiblichen Früchte jene Konsequenzen des Tuns sind, die sich dem Selbst dienend unterstellen. Mit seinem Handeln in der Welt zeugt der Mensch immer beides: helfende und hindernde Kräfte für seine eigene Selbstverwirklichung. Man muß unterscheiden lernen: Mit den fördernden Kräften soll man sich verbinden, die widerstrebenden müssen »aus dem Weg« geräumt werden. So wird auch verständlich, daß die Verfluchung der Söhne so schnell den Weg frei macht für Ödipus. Es blitzt und donnert, und Ödipus weiß, daß er nun gerufen wird.

Es ist an der Zeit, daß wir noch einen Blick auf ein recht eigenartiges Motiv werfen, welches schon sehr früh in unserer Tragödie anklingt und seine Kristallisation in den letzten Worten des Ödipus findet. Es geht dabei um einen Dank, bzw. um ein Geschenk, einen Segen, der jener Stadt zukommen soll, die Ödipus das Bürgerrecht verleiht und ihn begräbt.

Bereits in der zweiten Hauptszene sagt Ödipus zu Theseus:

> »Den alten Leib bring ich dir zum Geschenk,
> Zwar unscheinbar dem Auge,
> doch sein Wert reicht höher
> als die Schönheit der Gestalt.«

Wir wissen, daß all die Bemühungen des Kreon und des Polyneikes, den alten Ödipus auf ihre Seite zu bringen, vom Wissen um diesen Segen, der aus der Aufnahme des alten Ödipus entstehen sollte, gespeist wurden. Ein Orakelspruch hatte ihnen dies Geheimnis offenbart. Ödipus weiß selbst offenbar sehr genau um dieses Geheimnis. Dies spüren wir nicht nur aus dem Satz: »Mit diesem Ende fließt mir alles zu«, sondern wir erfahren es deutlich in der Schlußrede des Ödipus, in der er Theseus ankündigt, an jener Stelle, die er selbst finden wird, ihm ein Geheimnis anzuvertrauen, das Theseus nur in direkter Linie von Mund zu Ohr, von Vater zum Sohn weitergegeben werden darf:

> »Und sind wir dort allein, so lehr ich dich
> Geheimen Brauch, den keine Zunge nennt,
> Er bleibe diesen Bürgern streng verhüllt
> und selbst den Töchtern, die ich so geliebt.
> Bewahr ihn ganz für dich, und wenn das Ziel
> Des Lebens naht, gib deinem Ältesten
> Die Kunde, die er sterbend weitergibt,
> Nur so wird niemals dieses Land bedroht,
> von Thebens Saat.«

Aus diesen Worten wird deutlich, daß es sich um eine geheime Lehre, um eine mündliche Tradition handelt, die Profanen gegenüber streng *verhüllt* bleiben soll. Damit wird aber genau das bestätigt, was wir von Anfang an als Hintergrund der Tragödie postuliert haben. Die Tragödie ist eine formale Einkleidung von Mysterienwissen und Geheimlehren, die in *verhüllter* Form den »Wissenden« (Ödipus: »Doch wozu lehr' ich einen Wissenden?«) weitergegeben wird. Die Handlung und die Personen sind die Hülle, die den Kern der Wahrheit wie einen Mantel umschließt. Wer glaubt, die Tragödie des Ödipus schildere den Lebensweg eines vom Schicksal besonders schwer getroffenen Mannes, der unser Mitleid und unsere Trauer verdient, sieht nur die Hülle, nur den »Leib« der Tragödie. Doch auch dieser Leib ist wertvoll. Er bringt Segen dem Wissenden, der ihn aufnimmt und ihn ehrt. Der Leib der Tragödie ist nur ein Vehikel, das aber sehr viel »Geheimnis« transportiert für den, der den Leib nicht für »wertlos« oder »zu alt« erachtet. Die letzten Worte des Ödipus sind also vielschichtig und können daher auf vielen Ebenen verstanden werden, wobei diese Ebenen sich nicht gegenseitig ausschließen, sondern ergänzen.

Bezogen auf Ödipus ist dieser Leib der »verfluchte Leib« gewesen, durch den er schuldig wurde, durch den er Leid erfuhr (man vergleiche Leib – Leid) und durch den er zum Verstoßenen wurde. Das Orakel verwandelt diesen Fluch in Segen, wodurch der Kreislauf sich schließt, das Gift wird zum Heilmittel, die Sünde wird »zur glücklichen Schuld« (Hymne im katholischen Ritus). Wir begegnen hier wieder der Ambivalenz der Materie, des Weiblichen, der Welt. Die meisten weltanschaulichen Mißverständnisse ergeben sich ja dadurch, daß man nur jeweils eine Hälfte der Thematik sieht. So halten die einen die Materie und die Welt für teuflisch, sündig und böse, die anderen sehen darin das einzig Wahre und Wichtige. Nur wenige sehen, daß die Welt beides ist und daß der Mensch dazu aufgerufen ist, diese scheinbare Spaltung zu überwinden. Die Welt der Materie und damit eben gerade auch der Körper, ist der Ort der Wandlung. Man darf eben den Teufel nicht verteufeln, sondern muß ihn zum Engel machen.

Die ewig unterscheidende Welt von Theben versteht dieses Geheimnis nicht, deshalb vertreibt sie Ödipus, den verfluchten Leib. Sie interessiert sich erst wieder für ihn, wenn von außen ihr ein Vorteil versprochen wird. Die »dreibeinige« Welt von Kolonos, die um den Ausgleich der Gegensätze bemüht ist, nimmt das »Verfluchte« auf, gibt dem dunklen Aspekt des Menschen, dem Korporalen, Leiblichen, eine Daseinsberechtigung, ein Bürgerrecht. Wer das Dunkle aufnimmt, wer den Schatten integriert, wird aber ganz und heil – großes Heil erwächst ihm aus dem Körper.

Die hermetische Tradition der Alchemie wußte ebenfalls immer um dieses Geheimnis und korrigierte die einseitige leib- und materiefeindliche Haltung der römischen Kirche durch eine sehr »materielle« Symbolik aus, indem sie für das höchste zu erreichende Ziel der Vollkommenheit den *Stein* der Weisen einsetzte. Die ursprüngliche Lehre und der Ritus des Christentums wissen natürlich ebenfalls um die Bedeutung der Leiblichkeit, die als »verklärte Leiblichkeit Christi« in der Messe an zentraler Stelle steht. Nicht umsonst symbolisiert sowohl der Altar als auch der Kelch das Grab Christi. Auch hier ist also das Grab, die Erde, der Ort der Wandlung, von wo aus das Heil in die Welt strömt.

Diese kurzen Hinweise mögen genügen, um auf das Geheimnis des toten Körpers hinzuweisen, ohne es ganz zu enthüllen, denn schon Ödipus spricht ausdrücklich vom »geheimen Brauch, den keine Zunge nennt«.

Der blinde Ödipus geht allen voran zu jener Stätte, da er sterben soll. Wir bewegen uns im geistigen Land, und in diesem Land ist Ödipus in der Zwischenzeit ein Sehender geworden. So kann er nun das »wahre Licht«, welches ein inneres Licht ist, wahrnehmen:

»O Licht, das mir geleuchtet und entschwand,
Nun triffst du mich mit deinem letzten Strahl.«*

Das Ritual des Sterbens beginnt. Er nimmt ein rituelles Bad, nachdem er die Kleider des Bettlers abgestreift hat, um sich zu reinigen und zu entsühnen. Er löst sich von seinen Töchtern, und nachdem so die letzten Bindungen an die sichtbare Welt durchtrennt sind, ruft ihn die Gottheit:

»O du! Ja du, mein Ödipus!
Was säumen wir?
Du zögerst allzu lang.«

Machen wir uns die Größe dieser Stelle ganz bewußt. Ödipus, der sich lange Zeit von den Göttern unschuldig bestraft fühlte, der es bedauerte, daß man ihn als Kind gerettet hat, der sich in der tiefsten Tiefe des Unheils vorfand, der den Kelch des Leidens bis zum letzten Tropfen trinken mußte, wird nun von der Gottheit gerufen, er wird erwartet. Er steht an der Schwelle zur Heimat und begreift vielleicht, daß sich in Wirklichkeit niemals die Gottheit von ihm entfernt hat, sondern er sich von der Gottheit entfernte. Diese Schuld aber ist eine heilige Schuld, denn sie macht das

* Vergleiche die Lichtvision beim Sterben im *Tibetanischen Totenbuch*.

Geheimnis des Menschseins aus. Er wird gerufen, weil er berufen ist zum wahren Menschen, zum Heros. Er ist nun bereit zur letzten großen Vereinigung mit der Mutter, der Mutter Erde. Es ist ein erlöster Inzest, den er hier vollzieht, weil er nicht in der polaren Welt, sondern in der geistigen Welt geschieht. Die Welt der Unsterblichen öffnet sich ihm und macht ihn selbst unsterblich. Der Mensch wird zu Gott. Ödipus hat das Rätsel gelöst. Er hat das Geheimnis des Menschseins verwirklicht.

Schließen wir unsere Betrachtungen mit den gewaltigen Worten, mit denen der Bote das Ende des Ödipus schildert:

»Doch als wir aus der Ferne bald darauf
Die Blicke wandten, sahen wir genau,
Daß Ödipus nicht mehr zugegen war
Und daß der König seine Hand als Schild
Vors Auge hielt, als hätte schaudernd er
Ein unerhörtes Bild vor sich erblickt.
Nach einer kleinen Weile sah man ihn
Sich bis zum Boden neigen und zugleich
Zum Göttersitz erheben sein Gebet.
Doch welches Ende jener Alte nahm,
Das weiß wohl keiner außer Theseus selbst,
Denn weder hat ein Blitzstrahl eines Gotts
Hinweggerafft noch Wirbelsturm, der sich

Vom Meer erhob in jenem Augenblick.
Ein Götterbote war's, die Erde tat
Sich auf und nahm ihn sanft in ihren Schoß.
Ganz ohne Qual und Krankheit ward der Mann
Entrückt und wunderbar wie nie ein Mensch.
Und wem dies töricht scheint, ich kann ihn nicht
Bekehren, wenn er sich für weiser hält. «

»Seliger Tod
Löste dies Leben
Und setzte ein gnädiges Ziel.
So endet die Klagen!
Dem Leiden
Kann keine
Beute entrinnen!«

SOPHOKLES, *Ödipus auf Kolonos*
Chor in der Schlußszene

Stammtafel der wichtigsten Personen im Ödipus-Mythos

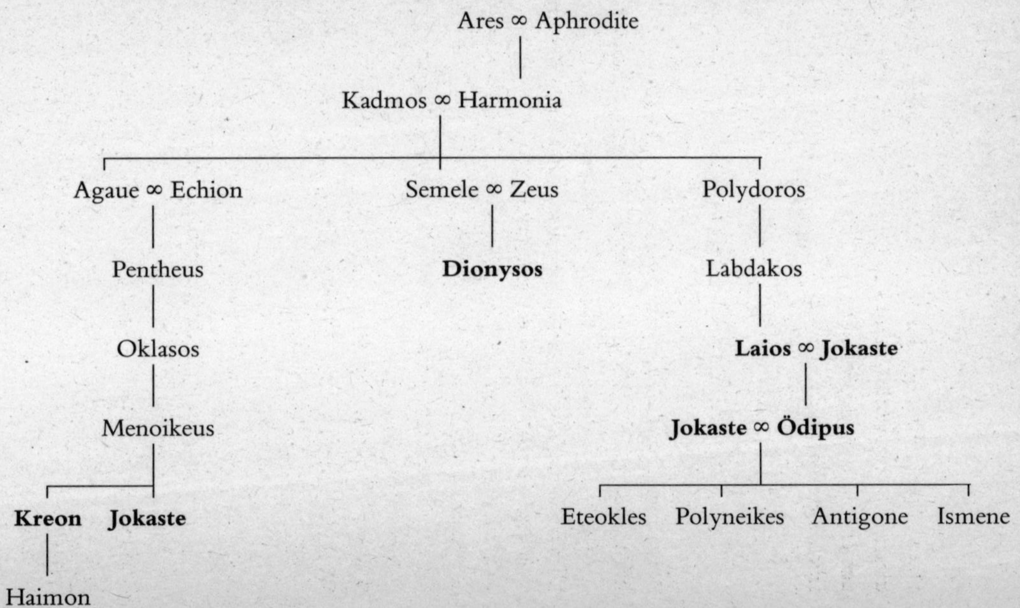

Bibliographie

Die folgende Auswahl aus der sehr umfangreichen Literatur zu diesem Thema möchte sich als Empfehlung verstanden wissen für denjenigen, der gerne weiter und tiefer in die Thematik dieses Buches einzudringen wünscht.

Zum Thema Tragödie

Aristoteles: *Poetik*, Ditzingen, Reclam Verlag 1982

Albin Lesky: *Die griechische Tragödie*, Stuttgart, Kröner Verlag 1984

Ulrich Mann: *Die Gegenwart des tragischen Mythos im christlichen Heilsgeschehen*, in: Eranos Jahrbuch 1979

Reinhold Merkelbach: *Tragödie, Komödie und Dionysische Kulte*, in: Antaios V, Stuttgart, Klett Verlag 1964

Friedrich Nietzsche: *Die Geburt der Tragödie*, Stuttgart, Kröner Verlag 1964

Walter F. Otto: *Das Wort der Antike*, Stuttgart, Klett Verlag 1962

Wolfgang Schadewaldt: *Antikes Drama auf dem Theater heute*, Pfullingen, Neske Verlag 1969

Zur griechischen Religion und Mythologie

Karl Hübner: *Die Wahrheit des Mythos*, München, C. H. Beck 1985

Karl Kerényi: *Die Mythologie der Griechen*, München, dtv 1966

Walter F. Otto: *Theophania*, Frankfurt/M., Klostermann Verlag 1979

Walter F. Otto: *Dionysos*, Frankfurt/M., Klostermann Verlag 1980

Zur Ödipus-Deutung

Ingeborg Clarus: *Odysseus und Oidipus*, Fellbach-Oeffingen, Bonz 1986

Stephan Sas: *Der Hinkende als Symbol*, Zürich, Rascher Verlag 1964

Wolfgang Schadewaldt: *Sophokles. König Ödipus*, Frankfurt/M., Insel Verlag 1973

Ödipus Übersetzungen

Walter Amelung: *Dramen des Sophokles*, Bd. 1, Leipzig, Sammlung Dieterich 1916

Carl Bruch: *Sophokles. König Ödipus*, Heidelberg, Carl Winters Universitätsbuchhandlung

Ernst Buschor: Gesamtausgabe der griechischen Tragödien, Bd. 3, *Sophokles*, München-Zürich, Artemis Verlag 1979

Friedrich Hölderlin: *Ödipus der Tyrann*, in: *Sämtliche Werke und Briefe*, Bd. 2, München, Carl Hanser Verlag 1970

Karl Arno Pfeiff: *Sophokles. König Ödipus*, Göttingen, Vandenhoek & Ruprecht 1969

Wolfgang Schadewaldt: *Sophokles. König Ödipus*, Frankfurt/M., Insel Verlag 1973

Heinrich Weinstock: *Sophokles. Die Tragödien*, Stuttgart, Kröner Verlag 1962

Wilhelm Willige: *Sophokles. Dramen*, München-Zürich, Artemis Verlag 1985

Thorwald Dethlefsen
Rüdiger Dahlke
KRANKHEIT ALS WEG
Deutung und Be-deutung der Krankheitsbilder
384 Seiten mit 5 Zeichnungen

Jeder Mensch lebt mit Krankheitsbildern, die ein Spiegel seiner Existenz sind. Wer diese Bilder versteht, kann Einblick gewinnen in die Struktur seiner Seele.
Die beiden Autoren Thorwald Dethlefsen und Rüdiger Dahlke sehen in jeder Krankheit einen Ausdruck des »Unheilseins« des Menschen – oder anders ausgedrückt – der Unvollkommenheit seines Bewußtseins. Dieses existentielle Kranksein äußert sich in einer Vielzahl von Symptomen bzw. Krankheitsbildern, in denen sich die spezifischen Probleme des Menschen symbolisch manifestieren. Alle diese Krankheitsbilder haben eine tiefere Bedeutung für das Leben eines jeden Menschen, sie übermitteln uns Botschaften aus dem seelischen Bereich.
So kann der Leser dieses Buches lernen, seine Symptome als sinnvoll zu akzeptieren: Schicksal als Chance – Krankheit als Weg.